A FORÇA
O PODER DOS ANJOS DA CABALA

Obras do autor

A força: o poder dos anjos da Cabala

Cabala, meditação e cura

A dieta da Cabala

O místico

A Cabala e a arte de ser feliz

O poder de realização da Cabala

Aqui, agora

As dez leis da realização

Ian Mecler

A FORÇA
O PODER DOS ANJOS DA CABALA

13ª edição

CIP-BRASIL. CATALOGAÇÃO-NA-FONTE
SINDICATO NACIONAL DOS EDITORES DE LIVROS, RJ.

M435f
    Mecler, Ian, 1967-
13ª ed.   A força: o poder dos anjos da Cabala/Ian Mecler. – 13ª ed. – Rio de Janeiro: Record, 2024.

    ISBN 978-85-01-08601-3

    1. Cabala. 2. Misticismo - Judaísmo. I. Título.

09-0110   CDD: 296.16
                                                                                   CDU: 296.65

Copyright © Ian Mecler, 2009

Capa e projeto gráfico de miolo: Miriam Lerner
Diagramação: Abreu's System

Todos os direitos reservados. Proibida a reprodução, armazenamento ou transmissão de partes deste livro, através de quaisquer meios, sem prévia autorização por escrito.

Direitos exclusivos desta edição reservados pela
EDITORA RECORD LTDA.
Rua Argentina, 171 – 20921-380
Rio de Janeiro, RJ – Tel.: (21) 2585-2000

Seja um leitor preferencial Record.
Cadastre-se no site www.record.com.br e receba informações sobre nossos lançamentos e nossas promoções.

Atendimento e venda direta ao leitor:
sac@record.com.br

Impresso no Brasil
2024

Dedico este livro a você, por não se conformar com uma vida trivial e procurar transformar a existência em uma oportunidade para o aprimoramento da alma.

SUMÁRIO

PARTE 1

A força

1. Quebrando as cascas	19
2. Desobstruindo os canais	33
3. O bem e o mal	51
4. Os anjos guardiões	63
Considerações finais	77

PARTE 2

O poder dos anjos da Cabala

Guia prático – Os 72 anjos da Cabala	81
Apêndice – Por que 72 nomes de Deus?	169

AGRADECIMENTOS

A minha mulher, Elizabeth e a nossos filhos, Davi e Jordana, força motriz e inspiração para todo este trabalho.

A meus pais Abrahão e Rosinha, e a minha irmã, Kátia, minha primeira e muito amada família.

A Regina Brauer, por sinalizar o caminho. A Mario Meir, por me mostrar a trajetória. A meus alunos do Portal da Cabala, por seguirem o caminho comigo. Não há como os citar nominalmente aqui, mas eles se reconhecerão ao ler este parágrafo.

Aos leitores, que ao enviarem e-mails com um retorno sobre meus outros livros me deram grande motivação para prosseguir no caminho literário.

Muitos são os amigos e familiares a quem gostaria de agradecer. Como não há espaço para citar todos, relaciono apenas aqueles que tiveram contato com a obra e fizeram importantes críticas e sugestões: Silvia Vieira, Jaime Eduardo Simão, Luiza Brito, Rafael Martins, Lílian Monteiro, Handerson Tavares, Francisco Timoteo, Beatriz & Biolchini, Michelle Souza e Silva, Marcelo Vasquez, Ricardo Henriques, Beatrice Araújo, Marina Vargas e Andréia Amaral, que contribuiu com uma revisão muito detalhada.

Andréa Provenzano abriu um caminho muito luminoso para a obra; Cristine Ferracciu, aluna e amiga de infância, teve participação decisiva com suas críticas, que muito ajudaram a criar um novo rumo para esta obra.

De modo especial a Priscila Briá e a Geraldo Pereira (ambos em memória), que vibraram com a possibilidade de levar esta mensagem até você.

Por último, a minha editora, Luciana Villas-Boas, pela felicidade de poder trabalhar ao lado de uma pessoa tão especial.

MOTIVAÇÃO

Meu primeiro mestre espiritual foi, possivelmente, um dos maiores profetas que já passaram por este planeta. Um homem com um talento raro para acessar passado, futuro e presente em uma mesma perspectiva, como se o tempo fosse apenas uma ilusão de nossa mente cognitiva.

Ele partiu deste mundo físico na exata idade que, muito tempo antes, havia profetizado: aos 72 anos. Nossa despedida foi um momento mágico, que para sempre ficará guardado em meu coração.

Nele recebi as primeiras instruções, que me permitiriam alcançar, muitos anos mais tarde, a chave para a comunicação com um mundo que não enxergamos com os olhos, mas que está sempre presente.

FUNDAMENTO

O texto a seguir levará a você informações preciosas sobre um tema revelador: a força dos anjos em nossa vida. Uma abordagem profunda, transformadora e baseada nos mais importantes livros sagrados da humanidade. Textos que foram preservados em segredo por milênios e que fundamentam a mais antiga sabedoria do planeta: a Cabala.

Não é simples definir em poucas linhas o que é a Cabala. Em resumo, é uma sabedoria milenar, compromissada com a ética, com a pureza, com o desejo de compartilhar e com a disponibilização de ferramentas que ajudem o homem a encontrar um real significado para sua vida.

A Cabala é toda baseada em princípios que, uma vez colocados em prática, podem conduzir-nos pelo caminho de uma vida significativa. Ao estudá-la profundamente poderemos encontrar respostas para as maiores questões de nossa existência. A começar pela abordagem de um tema central e essencial, como nenhum outro, na jornada humana: a busca da felicidade.

De acordo com os mestres cabalistas, apenas uma substância em todo o universo pode trazer a real felicidade para a nossa vida. Ela se chama Luz.

INTRODUÇÃO

Todos os seres humanos estão em busca da Luz: ricos e pobres, famosos e anônimos, idosos e jovens, todos buscam a Luz que possa alimentar permanentemente corpo e alma. Os que conseguem encontrá-la, penetram em uma dimensão de grande realização e felicidade. Porém, muitos são os que não conseguem atingi-la e acabam sucumbindo aos mais diversos obstáculos.

No entanto, um ensinamento básico da Cabala informa que por trás de cada obstáculo há sempre uma quantidade proporcional de Luz a ser revelada. Isso explica por que pessoas muito iluminadas não costumam ter uma vida fácil, estando sempre repletas de desafios ao longo de sua existência. Elas não se deixam enfraquecer diante dos problemas e por isso acabam superando-os e transformando-os em Luz.

É nesse ponto que reside o objetivo central deste livro: apresentar a você, de forma bem acessível, uma maneira de injetar Luz em sua vida. É com esse propósito que aprendemos a utilizar a força dos anjos cabalísticos: para que possamos nos manter elevados, mesmo diante das maiores dificuldades.

Saiba que você não precisa ser uma pessoa espiritualizada, nem mesmo acreditar em anjos, para tirar proveito desses ensinamentos. Simplesmente absorva e experimente as práticas propostas neste livro e verifique, por si mesmo, os resultados.

A iniciação nos anjos, entretanto, demanda um estudo sobre a relação entre o mundo aparente e o oculto. Sim, porque, embora por vezes sejamos levados a acreditar que o mundo físico seja tudo que existe, a Cabala explica, de forma clara, o quanto ele é apenas a ponta final de um processo que começa sempre fora dele.

PARTE I

A força

1. QUEBRANDO AS CASCAS

"Se você quer transformar o mundo, comece transformando seu interior."

Sócrates, filósofo grego, século V a.C.

Há 3.500 anos, nascia no Egito um menino predestinado. Colocado em uma cesta às margens do rio Nilo, ele foi encontrado pela filha de um faraó, que o levou para ser criado no palácio real.

Mas ele cresceu e partiu para o exílio, rumo à realização de sua missão. Foi lá que recebeu a primeira revelação de Deus. Relutou muito, mas acabou por aceitar seu papel de liderança frente a centenas de milhares de escravos em busca da libertação. Não possuíam uma única arma, apenas a confiança em um líder gago, que falava com dificuldade, mas que se comunicava como ninguém por meio da força de sua fé.

Surge então um grande impasse. Ao olhar para um lado eles se deparam com o intransponível mar Vermelho. Quando olham para o outro vêem surgir o poderoso exército egípcio liderado pelo mais cruel dos faraós. E é nesse exato momento que a Bíblia relata aquele que teria sido o maior fenômeno coletivo de todos os tempos.

O milagre da abertura do mar.

O INÍCIO DE UM CAMINHO

Alguns cientistas afirmam que o milagre realmente aconteceu. Mas os cabalistas garantem que, independente dos aspectos literais, o que a Torá relata nesse momento é o início de uma longa caminhada.

Não se trata de um caminho físico, até porque para se chegar até a dita terra prometida seriam necessários não quarenta anos, mas tão-somente alguns dias. O que está descrito, portanto, é o início de um caminho espiritual. E o que viria a ser o caminho espiritual?

Muitos acreditam que espiritualidade é ir para um templo, seja ele igreja, sinagoga, mesquita, centro espírita, e então rezar, de acordo com o protocolo definido pelos sacerdotes.

Mas o verdadeiro caminho espiritual, esse que atinge a dimensão do milagre, é muito mais do que isso. Acontece quando você se dispõe a abandonar a chamada "zona de conforto", e em vez de procurar uma vida regada por aparente segurança, decide partir em busca de sua missão. Momento em que você se convence do quanto seu potencial é ilimitado e do quanto o mundo precisa de sua atuação.

Descobriu-se que por trás da descrição do milagre da abertura do mar existem profundos códigos, que ocultam o segredo da comunicação com os anjos e também o mapa desta caminhada, denominada desenvolvimento espiritual.

Para decifrar esse segredo, vamos compreender um conceito fundamental da sabedoria cabalística, que há quatro mil anos já falava de aspectos invisíveis da realidade.

DOIS ASPECTOS DA REALIDADE

Nem sempre é fácil compreender, mas a mente racional não possui total controle sobre nossa vida. Pensamentos e ideias lógicas muitas vezes são insuficientes para encontrar o caminho de uma existência com paz e harmonia.

Experimente fazer uma reflexão dos momentos mais emocionantes de sua vida: um encontro amoroso, o surgimento de uma nova amizade, o nascimento de um filho, uma ideia muito criativa. Faça isto e você irá constatar que as coisas mais alegres que lhe aconteceram não foram fruto das rédeas de seu controle, mas sim da sintonia com uma poderosa energia de bênção.

A essa energia de bênção a Cabala denomina Luz: uma substância infinita e primordial. É ela que dá origem a tudo que existe no universo e somente ela pode trazer real satisfação a nossos desejos.

Em outras palavras, você pode adquirir as maiores maravilhas do mundo material, mas se não enxerga a bênção que se encontra por trás de cada pequeno objeto de sua vida, jamais encontrará satisfação. No máximo pequenos momentos de prazer, seguidos de longos períodos de frustração.

Quando guiados exclusivamente pela visão física, não enxergamos as grandes bênçãos que recebemos a cada instante de nossa vida. E tomados pelo esquecimento, nos deixamos dominar por problemas repetitivos, que parecem nunca acabar, mas que só acontecem todos por um mesmo motivo: o distanciamento da Luz.

Quando distantes da Luz, passamos a ter a ilusão de que só nos sentiremos realizados ao nos tornarmos melhores do que os outros ou ao atingirmos um determinado patamar profissional, afetivo etc. Mas será que é assim mesmo que funciona?

Artur Schopenhauer foi um filósofo, precursor de Nietzsche, que empenhou a sua existência no entendimento da razão da vida. Segundo ele, a maioria dos desejos vem de um estado de falta e, portanto, trazem sofrimento enquanto não são satisfeitos. Mais ainda, nenhum desejo tem satisfação durável, uma vez que, ao ser satisfeito, dá lugar a um novo desejo, e assim por diante.

Daí a célebre afirmação de Schopenhauer: "a vida oscila, como um pêndulo, do sofrimento ao tédio". Trata-se de um filósofo brilhante, mas que, como a maioria das pessoas que se dedica muito à erudição, teve grande dificuldade para encontrar a tão sonhada felicidade em sua vida.

Nada de errado com a erudição. Muito pelo contrário, foi pelo amor ao estudo que a espécie humana chegou onde está. O grande problema é que somente pela via racional não se encontra a Luz que alimenta a alma.

E, para criar uma perspectiva de vida que substitua o sofrimento pela felicidade e o tédio pela realização, precisamos da via do coração. É por essa via que podemos extrair a energia de bênção que se encontra oculta em cada objeto de nosso mundo.

Por exemplo, você pode ter uma família maravilhosa, mas isso só o torna uma pessoa feliz quando você se dispõe a investir seu tempo em viver de corpo e alma ao lado dessas pessoas que você ama. É aí que sua lâmpada se acende, porque você faz contato com a real fonte de Luz.

Enfim, o caminho espiritual nos ensina que existem duas formas completamente diferentes de se viver. Uma é reagindo aos eventos apenas pela ótica física. A outra é percebendo os aspectos físicos e extrafísicos, que estão presentes em tudo que existe.

É neste ponto que se inicia nosso estudo sobre anjos.

OS ANJOS

A Cabala define os anjos como agentes intermediários, que se situam em camadas entre a Luz original, que alimenta todo o nosso universo, e nós, seres vivos. Nos mais diversos idiomas a palavra anjo, do grego *angelos*, significa mensageiro. Esse significado é similiar ao termo em hebraico, língua dos textos bíblicos, na qual os anjos são chamados de *malachim*. Isso explica a principal função de um anjo: ser um agente transportador, que leva a Luz de um plano a outro.

Assim, tudo que existe em nosso mundo, mesmo a menor folha de grama, recebe essa Luz transportada pelos anjos. Da mesma forma acontece com os planetas e até mesmo com os ventos.

A ciência hoje se aproxima desse conceito, quando afirma que tudo que existe no mundo material provém de um ponto inicial. Uma teoria já descrita em textos cabalísticos de milhares de anos, que explica que no caminho entre a Luz original, que move a existência, e a luz que se reflete em nosso mundo físico, o mundo da matéria, existem diferentes planos. São eles: emanação, criação, formação e ação.

Assim, quando você olha para uma árvore enxerga claramente sua presença no mundo físico. Mas em algum momento ela foi emanada. Ou, poderíamos dizer também, "pensada". Afinal, como, do nada, surgiriam árvores? Uma vez "pensada", a árvore tinha que ser criada, e para isso foi necessária uma semente. A semente brotou, e ela começou a tomar forma.

Uma observação cuidadosa revelará que nosso mundo físico é todo organizado em estruturas. Para onde quer que você olhe, há um nível de organização por trás. Andamos nas ruas, porque há pavimentadores de ruas, coleta de lixo, sinalizações. Da mesma forma funcionam os aspectos visíveis e invisíveis de nossa realidade.

Os anjos são entidades que vivem em planos intermediários e que fazem a ponte entre o ponto inicial da Luz, ao qual chamamos Deus, e tudo que existe em nosso mundo físico. São energias invisíveis, mas que possuem grande poder de influência sobre nossa vida.

Muitos são os que questionam a existência desses seres misteriosos, de dimensão extrafísica, com o argumento de nunca ter "visto" nada assim. Mas por acaso já "viram" os sinais de transmissão de rádio, TV, ou telefone celular? Provavelmente nunca, e não é por isso que eles deixam de existir, não é mesmo?

O fato é que mesmo os mais céticos sabem que o universo é composto de uma realidade muito mais ampla do que a que enxergamos com os olhos.

OS ANJOS CABALÍSTICOS

O conhecimento envolvido no estudo dos anjos aparece nos mais importantes textos sagrados da humanidade. No Antigo Testamento referências aos anjos aparecem em diversos e marcantes momentos, tendo influenciado todos os patriarcas no decorrer de suas vidas.

Uma passagem muito significativa acontece (em Gênesis 3:4) quando Jacob, em um momento caótico de sua vida, dominado pela dúvida e pelo medo, inicia uma travessia do deserto. Nesse momento ele para, deita sua cabeça em uma pedra e sonha com anjos que sobem e descem por uma escada. A partir de então sua vida toma um rumo completamente novo.

Passagem semelhante ocorre no Novo Testamento, no momento em que Jesus chama Natanael e profere palavras misteriosas: "Vereis o céu aberto e os anjos de Deus, subindo e descendo sobre o filho do homem" (Jó 1:51).

Maomé também relata ter visto em sucessivos sonhos o anjo Gabriel, confiando-lhe a missão de proclamar a unicidade de Deus. Ele então transmitiu seus ensinamentos, de forma oral, a seus discípulos, que se incumbiram de registrar a visão dos anjos no Alcorão.

No entanto, não há momento mais marcante de um relato envolvendo a presença angelical do que nos três poderosos versículos da Torá que descrevem o grande milagre da abertura do mar.

1) "E moveu-se o anjo de Deus, o que andava diante do acampamento de Israel, e foi para trás deles; e moveu-se a coluna de nuvem da frente deles e pôs-se atrás deles." Êxodo 14:19

2) "E pôs-se entre o acampamento dos egípcios e o acampamento de Israel; e foi a nuvem e a escuridão e iluminou à noite; e não se aproximaram um do outro toda a noite." Êxodo 14:20

3) "E estendeu Moisés sua mão sobre o mar, e levou o Eterno o mar, com um forte vento do Oriente, durante toda a noite, e fez do mar terra seca, e foram divididas as águas." Êxodo 14:21

Atendo-se apenas à tradução em língua portuguesa, aparenta ser somente um texto bonito, quase poético, mas é muito mais do que isso. Para decifrar os códigos ocultos no episódio da abertura do mar, precisaremos recorrer ao texto original, escrito no idioma hebraico. Confira a seguir os três versículos escritos na versão original da Torá:

1º versículo:

2º versículo:

3º versículo:

Ao contar o número de caracteres dessas três frases, no texto original, descobriu-se que cada uma delas possuía exatamente 72 letras. Seria coincidência? Mas por que será que o momento mais marcante de todo o texto da Bíblia é descrito com três versículos de número idêntico de caracteres? Mais ainda: por que a força no número 72 apareceria aqui?

A FORÇA DOS 72

Os cabalistas sabem que a Torá é um livro inteiramente escrito em código e que na decodificação do texto encontram-se as respostas para grandes mistérios da existência. Os antigos sábios decodificaram esses três versículos que descrevem o milagre da abertura do mar e descobriram uma força de proporções inigualáveis, com potencial para trazer uma completa iluminação para nossa vida.

Assim, ao combinar as letras dessa passagem, eles descobriram que elas ocultavam uma intrigante fórmula espiritual, que revelaria a identidade de todos os 72 anjos cabalísticos.

Os mais antigos textos da Cabala, os mesmos que profetizaram com exatidão esse momento que vivemos no mundo hoje, explicam que a Luz emanada por Deus chega a nós através de 72 canais de energia e que cada um deles é governado por um anjo. Ou seja, para cada aspecto da existência humana há um anjo relacionado.

Um para o amor, um para a saúde, um para a prosperidade, um para a qualidade de nossos pensamentos. E, assim, cada ser humano forma seu poder de atração através de 72 diferentes facetas.

Isso explica por que uma pessoa com o canal amoroso obstruído dificilmente terá sucesso nessa área. Porque para se viver um grande amor é preciso estar pronto e preparado para amar. E ninguém encontra uma alma gêmea por acaso. Porém, se ela faz contato com esse anjo e abre esse canal, abre também uma nova perspectiva, impossível pela via puramente intelectual.

Certa vez um aluno contou-me que carregava problemas de ordem material durante toda a sua vida adulta. Não havia razão aparente para isso, uma vez que ele tinha uma profissão, gostava dela e nela trabalhava com afinco. Mas jamais conseguia viver de forma próspera. Então, ele estava sempre fazendo novos cursos, tentando novos mercados. E nada mudava.

Não foi rápido, mas, com o tempo, ele percebeu esses aspectos invisíveis da realidade. Passou a meditar diariamente nos anjos relacionados a esse tema, e então sua consciência se ampliou. Sua grande lição foi aprender que cada pessoa, mesmo cada situação que se apresenta em nossa vida, possui também aspectos não-físicos. Ao enxergar apenas o que é aparente, tudo fica muito mais difícil. É preciso ver a semente e as raízes que formam cada árvore. E por trás de cada grande problema, há sempre uma bênção proporcional a ser revelada.

Assim, ele parou de reclamar e passou a compreender que esse era um obstáculo presente em sua vida e que por trás desse tema muita luz se revelaria. E é aí que os milagres começam: quando paramos de reclamar e passamos a agradecer mesmo por nossas dificuldades, já que são elas que nos tornam pessoas melhores.

Ele aprendeu a se conectar com uma poderosa e infinita energia de bênção. E com isso muita coisa mudou em sua vida, pois quando sintonizamos essa energia, nada mais é impossível.

A FORÇA: o poder dos anjos da Cabala

OS CANAIS DE LUZ DOS 72 ANJOS CABALÍSTICOS

A tabela a seguir mostra a relação dos 72 anjos cabalísticos e o canal de Luz que cada um deles comanda.

SQ	ANJO	CONEXÃO PARA	SQ	ANJO	CONEXÃO PARA
01	Vehuiah	A força de superação	19	Leuviah	A concentração
02	Yeliel	Vencer os conflitos	20	Pahaliah	Afastar os vícios
03	Seitel	Escudo de proteção	21	Nelchael	A boa sorte
04	Alamiah	Eliminar pens.negativo	22	Ieiaiel	A proteção dos mestres
05	Mahasiah	A saúde	23	Melahel	Proteção para viagens
06	Lelahel	A visão profética	24	Hahiuiah	A paz
07	Akaiah	Sabedoria/prt.material	25	Nithaiah	A proteção oculta
08	Kahetel	Remove negatividade	26	Haaiah	A disciplina
09	Haziel	A alegria	27	Ierathel	Vencer os tiranos
10	Aladiah	Remove olhar negativo	28	Séheiah	Bons relacionamentos
11	Laoviah	O refinamento	29	Reiiel	O ser contemplativo
12	Hahaiah	O amor	30	Omael	A esperança
13	Iezalel	Enxergar a beleza	31	Lecabel	A permanência
14	Mehabel	Grandes decisões	32	Vasariah	Romper c/ a repetição
15	Hariel	A visão criativa	33	Iehuiah	Transf. sombra em luz
16	Hakamiah	A coragem	34	Lehahiah	O perdão
17	Lauviah	Refinar emoções	35	Ravakiah	A harmonia sexual
18	Caliel	A fertilidade	36	Menadel	A força de construção

QUEBRANDO AS CASCAS

SQ	ANJO	CONEXÃO PARA	SQ	ANJO	CONEXÃO PARA
37	Aniel	O eu verdadeiro	55	Mebahiah	O propósito fértil
38	Haamiah	Compartilhar	56	Poiel	Eliminar a idolatria
39	Rehael	A cura do mundo	57	Nemamiah	A purificação
40	Ieiazel	Combater o pânico	58	Ieialel	Remover as cascas da visão
41	Hahael	O equilíbrio emocional	59	Harael	Reconectar c/ a fonte de luz
42	Mikael	A consciência da semente	60	Mitzrael	Força p/atravessar o deserto
43	Veualiah	Combater as compulsões	61	Umabel	Fortalecer as amizades
44	Ielahiah	Julgamentos mais brandos	62	Iah-hel	A gratidão
45	Sealiah	A prosperidade	63	Anauel	A humildade
46	Ariel	Eliminar a dúvida	64	Mehiel	Enxergar o mais positivo
47	Asaliah	Revelar tesouros ocultos	65	Damabiah	Diminuir a confusão mental
48	Mihael	Harmoniza relacionamentos	66	Manakel	A bênção da cura
49	Vehuel	Eliminar sofrimento	67	Eiael	O presente
50	Daniel	Aproximar-se da luz	68	Habuhiah	A ação coerente
51	Hahasiah	A autocrítica	69	Realiah	A visão consciente
52	Imamiah	Afastar o inimigo	70	Iabamaih	A renovação
53	Nanael	A memória criativa	71	Haiaiel	A visão do invisível
54	Nithael	Afastar o anjo da morte	72	Mumiah	A força da vida

2. DESOBSTRUINDO OS CANAIS

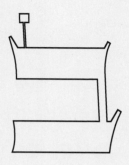

"Você precisa estar preparado para a união do coração e a purificação do corpo. Escolha um lugar pessoal e reservado em que sua voz não seja ouvida por ninguém e de preferência não o revele... Afaste de seu espírito as vaidades deste mundo, pois este é o instante de falar com o seu Criador, e de conhecer a sua grandeza."

RAV ABRAHAM ABULÁFIA, mestre cabalista do século XIII

O segredo dos anjos chegou ao profeta Samuel alguns séculos depois. Havia imensa pressão de ataque dos filisteus, que cercavam Judá, e o rei Saul caiu enfermo. Como profeta que era, Samuel já havia reconhecido as qualidades, nada aparentes, que fariam do menino Davi o novo rei. E levou-o para tocar harpa na casa de Saul.

Enquanto Davi entretia o rei, este descarregava toda a sua raiva no pequeno músico, que por sua vez já tinha uma boa dose de ódio acumulado em função de seus próprios complexos. Afinal, seus irmãos eram grandes guerreiros, e o fato de ser um pastor fazia-o sentir-se em posição de inferioridade.

Davi precisava superar toda aquela raiva que o dominava e, então, começou a colocar letras em suas músicas. Aquelas letras continham uma forte expressão de ira, mas ao final de cada canção sempre havia uma solução, uma espécie de final feliz. O efeito daqueles salmos entoados por Davi foi miraculoso, e o rei finalmente se curou. Foi com esse espírito que nasceram os salmos de Davi.

Os salmos são utilizados como instrumento de cura para diversos males, por milhares de pessoas em todo o mundo.

COMO INJETAR LUZ EM SUA VIDA

Você tem problemas? Sérios? Bem, o que mais existe no mundo são pessoas com problemas. Dívidas, divórcios, medos, doenças, são apenas alguns exemplos de obstáculos comuns à maioria das pessoas e que acaba por lhes tirar a oportunidade de usufruir a vida com alegria e paz de espírito.

Ao perceber apenas os aspectos perceptíveis, muitos problemas parecem mesmo insuperáveis. Imagine que grande problema tinha Davi ao ter que enfrentar seu primeiro adversário, um gigante de dois metros de altura, muito mais forte do que ele!

Mas Davi utilizou uma força extrafísica, a mesma que Moisés utilizou para abrir o mar. E quando nos conectamos a ela, nada mais se torna impossível.

E é para nos conectarmos a essa força que aprenderemos agora uma poderosa técnica cabalística para desobstruir os canais e injetar Luz em todos os aspectos de nossa vida. Seria ótimo se você a experimentasse, porque ela penetra em um local único, inatingível pela via intelectual, e possibilita a realização de uma das coisas mais difíceis na vida de um homem: sua transformação pessoal.

Trata-se de um exercício de meditação, que exigirá de 20 a 30 minutos de seu tempo, mas que lhe trará retorno palpável e imediato. Injete confiança e dê a si mesmo o direito de experimentar algo novo: um grande remédio espiritual, e sem efeitos colaterais.

Há algum tempo, eu só transmitiria tais conhecimentos para alunos aplicados e que estivessem seguindo o caminho espiritual há muito tempo. No entanto, vivemos um momento muito intenso no mundo, e precisamos de ferramentas que nos ajudem a resgatar a força de cada um desses personagens bíblicos dentro de nós. Provavelmente por esse motivo os antigos profetas tenham previsto que, neste momento, todos os segredos espirituais iriam ser revelados.

A FORÇA: o poder dos anjos da Cabala

O processo consiste em uma conexão com todos os 72 anjos cabalísticos. Todos são importantes, porque cada um descreve um diferente aspecto de nossa vida e através deles podemos purificar todos os canais de recebimento da luz.

Assim, meditaremos nos 72 anjos em sequência, um após o outro. Para cada um deles, devemos nos conectar com quatro informações:

- **CONEXÃO PARA** (amor, prosperidade, saúde etc.)
  É preciso que você reconheça o aspecto de sua personalidade relacionado ao anjo, para ampliar sua consciência sobre o tema e assim não esperar apenas uma solução mágica para sua vida, mas tornar-se protagonista desse processo.

- **MEDITAÇÃO**
  Para abrir um arquivo codificado você precisa de uma senha, para abrir um cofre você também precisa de uma combinação exata. Da mesma forma, podemos fazer reestruturar a nossa alma, através da sintonia com esses grupos de letras, que formam os 72 anjos cabalísticos. A simples visualização das letras sagradas do anjo pode trazer muita luz sobre aquele tema em sua vida.
  Muitos são os depoimentos em todo o mundo sobre os efeitos da contemplação das letras sagradas da Cabala. O poder advindo da visualização dessas letras foi recentemente documentado pelo médico cardiologista Dr. Artur Spokojny, do New York Hospital e mundialmente reconhecido. Assim ele descreve sua experiência com a meditação cabalística:
  "Um paciente, após uma cirurgia, passou a sofrer sucessivas paradas cardíacas. Tentamos todos os tipos de medicamentos e começamos a aplicar choques, sabendo que a qualquer momento não haveria mais o que fazer. Então fui para meu consultório e comecei a meditar nas letras sagradas. Após alguns minutos de meditação o homem

se manteve estável e acabou saindo do hospital sem nenhum dano a
seu coração. Não sei como explicar isso."

Existem muitos depoimentos como esse, que apenas confirmam um processo conhecido como ressonância mórfica, quando as letras do alfabeto hebraico atuam como antenas que liberam a mesma energia invisível da criação.

- **VOCALIZAÇÃO**

  A vocalização relacionada ao anjo potencializa ainda mais a conexão e deve ser feita, nesse exercício, três vezes para cada anjo, entoada como se faz com um mantra.

- **SALMO**

  Os salmos de Davi emanam uma força que vai muito além das palavras. São pequenas fórmulas de cura. Por isso, para cada anjo, há um versículo de um salmo relacionado, que você deve recitar em voz alta, no momento da conexão. Lembre-se sempre do quanto a palavra tem poder de criar realidade.

Nas 12 páginas a seguir você tem à disposição um guia de iluminação. Dê um crédito a você mesmo e experimente injetar luz em sua vida, através dessas conexões com os anjos. Faça todas elas de uma só vez, até chegar ao final. Procure, entretanto, reservar alguns minutos antes e depois do exercício, para ficar um pouco em silêncio e assim purificar a mente e o espírito.

MEDITAÇÃO COM OS ANJOS CABALÍSTICOS

SQ	MEDITAÇÃO	CONEXÃO PARA:
01	והו **Verru**	**A FORÇA DE SUPERAÇÃO** SALMO: 3, vs. 4 – "Tu, Meu Deus, és um escudo a me proteger. És minha glória, a razão de se manter erguida minha cabeça."
02	ילי **Ielí**	**VENCER OS CONFLITOS** SALMO: 22, vs. 20 – "Mas Tu, ó Eterno, eu Te peço, não Te afastes de mim; ó minha Força, apressa-te e vem em meu auxílio."
03	סיט **Seiat**	**CRIAR ESCUDO DE PROTEÇÃO** SALMO: 94, vs. 22 – "O Eterno é meu baluarte, meu refúgio, a alta rocha em que me abrigo."
04	עלם **Olam**	**ELIMINAR PENSAMENTOS NEGATIVOS** SALMO: 6, vs. 5 – "Retorna, ó Eterno, e livra minha alma; salva-me por Tua imensa misericórdia."
05	מהש **Merrash**	**A SAÚDE** SALMO: 34, vs. 5 – "Busquei o Eterno, e Ele me respondeu, e de todos os meus temores me livrou."
06	ללה **Lêlá**	**A VISÃO PROFÉTICA** SALMO: 9, vs. 12 – "Cantem louvores ao Senhor que habita Sion, proclamem Seus atos entre as nações."

SQ	MEDITAÇÃO	CONEXÃO PARA:
07	אכא Acá	**SABEDORIA E PROTEÇÃO MATERIAL** SALMO: 103, vs. 8 – "Misericordioso e Compadecido é o Senhor, lento para a ira e abundantemente benevolente."
08	כהת Kerrat	**REMOVER IMPULSO NEGATIVO** SALMO: 95, vs. 6 – "Venham! Prostremo-nos e inclinemo-nos, ajoelhemo-nos diante do Senhor, nosso Criador."
09	הזי Rrazai	**A ALEGRIA** SALMO: 25, vs. 6 – "Lembra Tuas misericórdias, Senhor, e Tuas benevolências, pois elas estão desde o princípio do mundo."
10	אלד Alad	**REMOVER O OLHAR NEGATIVO** SALMO: 33, vs. 22 – "Que Tua benevolência, Senhor, esteja sobre nós, conforme Te aguardamos."
11	לאו Laav	**O REFINAMENTO** SALMO: 18, vs. 47 – "O senhor vive e, abençoado, é meu rochedo! Exaltado seja o Deus da minha salvação."
12	ההע Haha	**O AMOR** SALMO: 9, vs. 10 – "O Senhor será uma cidadela de força para o oprimido, uma cidadela de força em tempos de aflição."

A FORÇA: o poder dos anjos da Cabala

SQ	MEDITAÇÃO	CONEXÃO PARA:
13	יזל Iezal	**ENXERGAR A BELEZA** SALMO: 98, vs. 4 – "Clame ao Senhor toda a terra, abram suas bocas e cantem cânticos alegres e toquem música."
14	מבה Mabá	**FORÇA PARA GRANDES DECISÕES** SALMO: 9, vs. 10 – "O Senhor será uma cidadela de força para o oprimido, uma cidadela de força em tempos de aflição."
15	הרי Rreri	**A VISÃO CRIATIVA** SALMO: 94, vs. 22 – "Então, o Senhor Se tornou uma fortaleza para mim, e meu Deus, a Rocha do meu refúgio."
16	הקם Rrekam	**A CORAGEM** SALMO: 88, vs. 2 – "Senhor, Deus de minha salvação, de dia eu clamo, de noite estou diante de Ti."
17	לאו Leú	**REFINAMENTO DAS EMOÇÕES** SALMO: 8, vs. 10 – "Senhor, nosso Senhor, quão poderoso é Teu Nome através de toda a terra!"
18	כלי Cli	**A FERTILIDADE** SALMO: 7, vs. 9 – "O senhor punirá as nações; mas julga-me, Senhor, de acordo com minha retidão e integridade."

SQ	MEDITAÇÃO	CONEXÃO PARA:
19	כלוו Levu	**A CONCENTRAÇÃO** SALMO: 40, vs. 2 – "No Eterno depositei minha esperança, e Ele para mim se inclinou, e minha prece ouviu."
20	פהל Perril	**AFASTAR OS VÍCIOS** SALMO: 120, vs. 2 – "Senhor, livra minha alma dos lábios mentirosos, de uma língua enganadora."
21	נלך Nalah	**A BOA SORTE** SALMO: 31, vs. 15 – "Mas em Ti confiei, Eterno, e exclamei: 'Tu és meu Deus!'"
22	ייי Ieiai	**A PROTEÇÃO DOS MESTRES** SALMO: 121, vs. 5 – "Deus é tua proteção. Como uma sombra, te acompanha a Sua Destra."
23	מכלה Melah	**PROTEÇÃO PARA VIAGENS** SALMO: 121, vs. 8 – "Estarás sob Sua proteção ao saíres e ao voltares, desde agora e para todo o sempre."
24	וזהו RRarrú	**A PAZ** SALMO: 33, vs. 18 – "Eis que o olho do Senhor está naqueles que O temem, sobre aqueles que aguardam Sua benevolência."

SQ	MEDITAÇÃO	CONEXÃO PARA:
25	נתה Netah	**A PROTEÇÃO OCULTA** SALMO: 9, vs. 2 – "Eu agradecerei ao Senhor com todo o meu coração e proclamarei todos os seus maravilhosos atos."
26	האא RRaiah	**A DISCIPLINA** SALMO: 119, vs. 145 – "Eu chamei com todo o meu coração; responde-me, Senhor. Eu conservarei Teus estatutos."
27	ירת Irat	**VENCER OS TIRANOS** SALMO: 140, vs. 2 – "Livra-me, Senhor, do homem perverso, do homem de violência preserva-me."
28	שאה Shaa	**BONS RELACIONAMENTOS** SALMO: 71, vs. 12 – "Oh Deus, não fiques longe de mim, oh meu Deus, apressa-Te em minha assistência."
29	ריי Reeí	**O SER CONTEMPLATIVO** SALMO: 54, vs. 6 – "Eis que Deus é meu auxiliador, meu Senhor está com os apoiadores da minha alma."
30	אום Ôom	**A ESPERANÇA** SALMO: 71, vs. 5 – "Pois Tu és minha esperança, meu Senhor, minha segurança desde minha juventude."

SQ	MEDITAÇÃO	CONEXÃO PARA:
31	לכב Lecav	**A PERMANÊNCIA** SALMO: 71, vs. 15&16 – "Minha boca falará da Tua retidão, o dia inteiro da Tua salvação, pois não conheço seus números." "Viverei com os atos poderosos do meu Senhor."
32	ושׁר Veshar	**ROMPER COM A REPETIÇÃO** SALMO: 33, vs. 4 – "Pois íntegra é a palavra do Senhor, e todo ato Seu é feito com fé."
33	יזו Ierrú	**TRANSFORMAR SOMBRA EM LUZ** SALMO: 33, vs. 11 – "Mas o conselho do Senhor permanece para sempre; os desígnios do Seu coração, por todas as gerações."
34	להו Lerrá	**O PERDÃO** SALMO: 131, vs. 3 – "Espere tranquilo e confiante no Eterno, Você que busca a Luz, agora e por todo o sempre."
35	כוק Kevák	**A HARMONIA SEXUAL** SALMO: 116, vs. 1 – "Amo o Eterno porque Ele ouve minha voz e minhas súplicas."
36	מנד Menad	**A FORÇA DE CONSTRUÇÃO** SALMO: 26, vs. 8 – "Ó Eterno, amo o Templo de Tua morada, o lugar que habita Tua glória!"

SQ	MEDITAÇÃO	CONEXÃO PARA:
37	אָנִי Ani	**O EU VERDADEIRO** SALMO: 80, vs. 8 – "Restaura-nos, ó Deus dos Exércitos! Faze sobre nós resplandecer Tua face, e então seremos salvos."
38	וֹעָם Rrêêm	**COMPARTILHAR** SALMO: 91, vs. 9 – "Pois disseste: 'O Eterno é meu refúgio' e fizeste tua a morada do Altíssimo."
39	רָהָע Rirrá	**A CURA DO MUNDO** SALMO: 30, vs. 11 – "Ouve, Senhor; e favorece-me, Senhor; sê meu auxiliador!"
40	יִיז Iiaz	**COMBATER O PÂNICO** SALMO: 88, vs. 14 – "Porém, eu a Ti, Senhor, tenho clamado, e pela manhã minha prece Te saudará."
41	הָהָה Haha	**O EQUILÍBRIO EMOCIONAL** SALMO: 120, vs. 2 – "Senhor, livra minha alma dos lábios mentirosos, de uma língua enganadora."
42	מִיך Miak	**A CONSCIÊNCIA DA SEMENTE** SALMO: 121, vs. 7 – " O Senhor te protegerá de todo mal, Ele guardará tua alma."

SQ	MEDITAÇÃO	CONEXÃO PARA:
43	וול Veval	**COMBATER AS COMPULSÕES** SALMO: 88, vs. 14 – "Quanto a mim, a Ti ergo minhas súplicas e, desde o alvorecer, a Ti chega minha prece."
44	ילה Iêlah	**JULGAMENTOS MAIS BRANDOS** SALMO: 119, vs. 108 – "Aceita favoravelmente as oferendas de meus lábios e ensina-me Teus juízos."
45	סאל Seal	**A PROSPERIDADE** SALMO: 94, vs. 18 – "Se eu dissesse 'meu pé está escorregando', Tua benevolência, Senhor, me suportaria."
46	ערי Ari	**ELIMINAR A DÚVIDA** SALMO: 145, vs. 9 – "O Senhor é bom para todos, e Suas misericórdias estão em todas as Suas criaturas."
47	עשל Eshal	**REVELAR TESOUROS OCULTOS** SALMO: 104, vs. 24 – "Quão abundantes são Tuas obras, Senhor; com sabedoria Tu as fizeste todas, a terra está cheia de Tuas posses."
48	מיה Miah	**HARMONIA PARA UM RELACIONAMENTO** SALMO: 98, vs. 2 – "O Eterno fez com que todos os povos percebessem Seu poder salvador e Sua justiça."

A FORÇA: o poder dos anjos da Cabala

SQ	MEDITAÇÃO	CONEXÃO PARA:
49	וְהוּ Verrú	**ELIMINAR O SOFRIMENTO PELA VISÃO** SALMO: 145, vs. 3 – "Grande é o Eterno e digno de todos os louvores, pois incomensurável é Sua grandeza."
50	דָּנִי Dâni	**APROXIMAR-SE DA LUZ** SALMO:103, vs. 8 – "Misericordioso e compadecido é o Senhor, lento para a ira e abundantemente benevolente."
51	הוֹשׁ Arrásh	**A AUTOCRÍTICA** SALMO: 104, vs. 31 – "Que a glória do Senhor dure para sempre; que o Senhor rejubile com Suas obras."
52	עָמַם Amam	**AFASTAR O INIMIGO** SALMO: 7, vs. 18 – "Eu agradecerei ao Senhor de acordo com Sua retidão e cantarei louvores ao nome do Senhor, Altíssimo."
53	נְנָא Niná	**A MEMÓRIA CRIATIVA** SALMO: 119, vs. 13 – "Meus lábios enumeram todas as leis que proclamaste."
54	נִית Niát	**AFASTAR O ANJO DA MORTE** SALMO: 103, vs. 19 – "Nos céus estabeleceu Seu trono o Eterno, e Seu reino tudo alcança."

DESOBSTRUINDO OS CANAIS

SQ	MEDITAÇÃO	CONEXÃO PARA:
55	מבה Mabá	**O PROPÓSITO FÉRTIL** SALMO: 102, vs. 13 – "Mas Tu, ó Eterno, para sempre estarás perante nós entronizado, e por todas as gerações não deixará Teu nome de ser lembrado."
56	פוי Peví	**ELIMINAR A IDOLATRIA** SALMO: 145, vs. 14 – "O Eterno suporta todos os caídos e endireita os curvados."
57	נמם Nêmim	**A PURIFICAÇÃO** SALMO: 115, vs. 11 – "Os que temem o Eterno! Confiem no Eterno. Ele é sua ajuda e seu escudo!"
58	ייל Ieial	**REMOVER AS CASCAS DA VISÃO** SALMO: 6, vs. 4 – "Abalada está minha alma; e Tu, Eterno, até quando me deixarás abandonado?"
59	הרח Rrará	**RECONECTAR COM A FONTE DE LUZ** SALMO: 113, vs. 3 – "Do nascimento do sol a seu ocaso, seja o nome do Eterno louvado."
60	מצר Metsár	**A FORÇA PARA ATRAVESSAR O DESERTO** SALMO: 145, vs. 17 – "O Eterno é justo em todos os Seus caminhos e magnânimo em todos os Seus atos."

SQ	MEDITAÇÃO	CONEXÃO PARA:
61	וֹמֵב Vamav	**FORTALECER AMIZADES** SALMO: 113, vs. 2 – "Seja bendito Seu Nome, desde agora e para todo o sempre."
62	יְהָה Iehá	**A GRATIDÃO** SALMO: 119, vs. 159 – "Vê como amo Teus preceitos, ó Eterno, e mantém minha vida conforme Tua misericórdia."
63	עֲנוּ Anu	**A HUMILDADE** SALMO: 2, vs. 11 – "Servi ao Eterno com reverência e regozijai-vos com temor e respeito."
64	מוֹזִי Merrí	**ENXERGAR O MAIS POSITIVO** SALMO: 33, vs. 18 – "Os olhos do Eterno fitam os que O temem e dão atenção aos que esperam por Sua benevolência."
65	דָמֵב Demáv	**DIMINUIR A CONFUSÃO MENTAL** SALMO: 90, vs. 13 – "Volta-Te para nós, ó Eterno! Até quando teremos de esperar? Volta-Te para Teus servos!"
66	מֶנָק Menák	**A BÊNÇÃO DA CURA** SALMO: 38, vs. 22 – "Não me abandones, ó Eterno, meu Deus! Não Te afastes de mim."

DESOBSTRUINDO OS CANAIS

SQ	MEDITAÇÃO	CONEXÃO PARA:
67	אִיעַ Aiá	**O PRESENTE** SALMO: 37, vs. 4 – "Tem prazer no Eterno, para que Ele possa te conceder os desejos de teu coração."
68	וזבו Rravú	**PENSAMENTO E AÇÃO COERENTES** SALMO: 108, vs. 1 – "Louvado seja o Eterno! Louvai porque imensa é Sua bondade e eterna Sua misericórdia."
69	ראה Rêê	**A VISÃO CONSCIENTE** SALMO: 16, vs. 5 – "O Eterno é a porção da minha herança e do meu cálice. É, de minha sorte, o sustentáculo."
70	יבם Ievám	**A RENOVAÇÃO** SALMO: Não há salmo para este anjo e sim a primeira frase da Tora: "E disse Deus: Seja Luz! E Foi Luz."
71	היי Rraiai	**A VISÃO DO INVISÍVEL** SALMO: 109, vs. 30 – "Meus lábios agradecerão imensamente ao Eterno, e minha boca Lhe erguerá louvores entre as multidões."
72	מום Môôm	**A FORÇA DA VIDA** SALMO: 116, vs. 7 – "Volta a ter sossego, alma minha, pois o Eterno para contigo foi bondoso."

3. O BEM E O MAL

"Procure nunca ver o mal em ninguém; mesmo quando o mal for acentuado, tente encontrar o bem. Porque o que quer que você veja crescerá em você."

OSHO – MESTRE ESPIRITUAL INDIANO, século XX

O segredo dos anjos cabalísticos atravessou os séculos, até que chegou, no século I, às mãos de um mestre chamado Rav Akiva, que havia sido o escolhido de sua geração para receber os códigos de conexão com os anjos.

Naquela época, quatro homens tentaram penetrar nos mistérios do misticismo judaico, também chamado o "Pardês". Eles haviam sido avisados do perigo que representava tal empreitada sem um preparo adequado, mas, ainda assim, seguiram adiante.

Conta-se que o primeiro, Ben Azai, olhou e morreu, pois sua alma ansiava tanto pela fonte, que abandonou o corpo assim que fez contato com a Luz suprema. O segundo, Ben Abuyah, ainda não havia encontrado um estado de discernimento mental e ficou tão confuso com sua visão, que, tomado por grande medo, se tornou um total materialista. O terceiro, Ben Zoma, enlouqueceu, pois não havia conciliado a experiência visionária com a vida comum.

Apenas Akiva, aquele que durante toda a sua vida se preparou para aquele encontro, entrou e saiu em paz, e se tornou um iluminado.

É notável que Akiva tenha sido contemporâneo a outro importante rabino, de nome Yeshua, que, segundo alguns textos místicos, também teve acesso ao segredo dos anjos. O rabino ficaria conhecido posteriormente como Jesus de Nazaré.

A PURIFICAÇÃO

O rabino Akiva, há 2.000 anos, tinha 24.000 discípulos. Foi um grande mestre espiritual, que aprendeu a remover o medo de sua vida. A história conta que durante a invasão da região de Israel, o imperador romano Trajano capturou e torturou Akiva, mas, para espanto de todos, o grande mestre não demonstrou qualquer sinal de dor ou medo. Só o que se ouviu foi ele pronunciar uma pequena oração, e a partir de então sua alma desprendeu-se do corpo.

De fato, nem mesmo a morte o ameaçava, uma vez que ele penetrou nos mistérios do mundo invisível e passou a enxergar esse mundo físico que habitamos não mais como o todo, mas apenas como parte de algo muito maior. Por isso, Akiva ensinava sobre a necessidade de nos desapegarmos de tudo aquilo que não nos serve mais.

Carregamos um excesso de bagagem muito grande, nos apegando não apenas a bens materiais, mas também a ideias congeladas, que nos foram incutidas, mas que não correspondem a nosso real potencial criativo.

Ideias absurdas, como as que nos induzem a acreditar que, para sermos felizes, dependemos de grandes mudanças nos fatos externos. Isso não existe, porque fato externo algum jamais será suficiente. Se realmente queremos atrair a realização para nossa vida, precisamos aprender a sintonizar as energias que nos ajudarão a trazer Luz para nós.

Se você compreende esse poderoso mecanismo, descobre que a maioria de seus problemas só existe devido a um ruído em seu receptor. Você pode iludir-se com a fantasia de que será feliz quando resolver um ou outro problema de sua vida, mas a verdade é que tudo o que precisa ser feito se resume em:

DESOBSTRUIR OS CANAIS

Os anjos cabalísticos são guardiões desses canais e existem para nos proteger e reforçar nossa ligação com o criador. Quando nos conectamos a eles, despertamos nosso potencial adormecido. Mas para fazer essa conexão é preciso purificar. E existem dois aspectos básicos da purificação: o pensamento e a palavra.

• O pensamento

Akiva ensinava que nosso estado de espírito é direcionado não pelos fatos externos, mas sim por onde colocamos o foco de nossa atenção. Mesmo em seu último momento, ele conseguiu colocar o foco em outra realidade. Por isso não sofreu e tornou-se um justo, como é chamado o cabalista iluminado.

Assim, a purificação dos pensamentos é o início de tudo, porque se você estiver carregado de ideias e pensamentos negativos, será muito difícil abrir um espaço para a entrada da Luz.

• A palavra

As palavras têm poder ainda maior do que os pensamentos, uma vez que influenciam diretamente as pessoas a nossa volta. Para entender como a palavra possui o poder de criar realidade, examine as pessoas a seu redor. Você descobrirá que aquele que profere palavras negativas com frequência está sempre em um mundo de sofrimento e caos. Já o que procura as palavras positivas e enaltece seus semelhantes vive em um mundo de harmonia e contentamento.

O uso da palavra negativa, também conhecida na linguagem cabalística como "lashon hará", é devastador, porque, depois de proferida, ela se espalha pelo mundo e não retorna mais. Assim, outro aspecto fundamental da purificação, e que possibilita conexão muito mais intensa com os anjos, é a eliminação da maledicência.

O processo de purificação de pensamentos e palavras é vital no relacionamento com dois grupos de anjos, que não fazem parte dos 72 anjos cabalísticos, mas que influenciam significativamente nossa existência. Ao criar consciência sobre eles, transformações significativas vão acontecer a você.

O primeiro é um grupo extremamente negativo de seres espirituais, denominados comumente anjos caídos. O segundo é um grupo com energia diametralmente oposta ao primeiro. São anjos que vivem exclusivamente para nos auxiliar e nos encaminhar para uma existência luminosa.

ANJOS CAÍDOS

A função original de um anjo sempre foi a de trazer a Luz e a bênção do criador até suas criaturas. Mas anjos também possuem um nível de livre-arbítrio, e alguns o utilizaram para cobiçar um poder maior do que aquele que lhes fora designado. Por isso caíram de dimensão, para um plano sombrio, abaixo de nosso mundo físico, tornando-se forças espirituais negativas.

A entrada desses anjos na vida humana pode acontecer em diversos níveis, que vão desde uma simples influência mental, até mesmo a uma espécie de "ataque", um fenômeno também conhecido como acoplagem. Existem cinco principais grupos de anjos caídos. Evitaremos aqui mencionar o nome deles, uma vez que a simples pronúncia de um nome já evoca aquela energia. Assim, nos concentramos em estudar sobre a forma como atuam:

1º – Pela busca incessante de satisfação:

Anjo que foi dominado por forte insatisfação e por isso caiu. Quando acoplado a uma pessoa, ele a coloca na busca de constante satisfação sexual, deixando-a obsessiva com o próprio prazer. Um prazer que jamais sacia. Muitas vezes esse prazer migra para a busca desenfreada de sucesso material e financeiro, e com isso obscurece toda a Luz e essência amorosa dessa pessoa.

2º – Pela vaidade e o orgulho:

Anjo que se infiltra pelas brechas criadas pelo coração endurecido do homem, tais como os sentimentos de orgulho e arrogância. Pessoas acopladas nesse anjo muitas vezes procuram fazer os outros acreditarem que são grandes filantropos, mas, na verdade, a força motriz de seu desejo está na busca de reconhecimento e fama. Esse anjo caiu porque não aceitava a missão elevada para a qual foi designado e por isso influencia também almas humanas elevadas, que acabam por se perder na busca pela ganância e desejo de receber só para si.

3º – Pela negatividade constante:

Anjo que caiu pela intriga e a traição. Pessoas atraídas por ele tornam-se compulsivas em falar mal de tudo e de todos. Estão sempre em busca de notícias negativas e, por isso, acabam se tornando seus veículos.

4º – Pelo uso da espiritualidade de forma egoísta:

Anjo que se acopla comumente em pessoas fracas, que se apavoram diante das dificuldades e procuram, a qualquer custo, uma solução externa e miraculosa para seus problemas. É o caso do homem que procura uma religião para receber algo em troca e não pelo desenvolvimento espiritual puro. Devido à ilusão trazida pela presença do anjo, o resultado imediato costuma ser positivo, mas com o tempo a pessoa torna-se prisioneira de sua própria fraqueza interior. Esse anjo caiu por tentar aproveitar-se de um conhecimento puro e transformá-lo em objeto de proveito próprio e de magia.

5º – Pela dúvida e insubordinação:

Quando um homem é influenciado por ele, torna-se agente permanente da confusão e da discórdia. Muitas vezes não exterioriza isso, mas torna-se refém de dúvidas e mentiras constantes, que acabam por paralisá-lo. Ele atua na vida das pessoas trazendo excesso de questionamentos, principalmente quando elas encontram um caminho luminoso. Este anjo caiu por duvidar e se rebelar contra a própria presença divina.

É importante entender que todos os anjos estão potencialmente dentro de cada um de nós e, de acordo com nosso comando, podem ser despertados ou adormecidos. Ou seja, a sintonia com os anjos caídos sobre uma pessoa jamais ocorre sem uma abertura prévia dela mesma. É ela que os atrai e também é ela que pode anular esse processo, através do desenvolvimento de uma nova consciência e, principalmente, de novas e construtivas ações.

Além dos citados acima, é fundamental que possamos estudar outra qualidade de anjo negativo. Um vilão invisível e poderoso. Uma presença constante, um oponente que precisa ser combatido incessantemente, durante toda a nossa vida.

- **O anjo da morte**

O mais poderoso e temível dos anjos sombrios é o anjo da morte. Ele aparece em diversos momentos no texto bíblico, mas de forma muito especial diante de um conhecido episódio, protagonizado pelo patriarca Jacob.

O enfrentamento aconteceu quando Jacob retornava a sua terra natal, após vinte anos separado do irmão, que o havia jurado de morte. A ideia do reencontro lhe causava grande medo e, então, ele se afastou, sozinho, rumo ao maior desafio de sua vida: a luta com o anjo da morte.

A luta contra esse anjo foi a mais difícil de toda a vida de Jacob, porque naquele momento ele precisava mergulhar dentro de si como jamais havia feito. E, para vencê-la, Jacob utilizou a força dos 72 anjos cabalísticos, que lhe haviam sido revelados em sonho, assim que partiu de sua cidade, vinte anos antes.

Tomado por intenso processo de refinamento, ele descobriu que os aspectos negativos que atribuía ao irmão estavam, na verdade, dentro dele mesmo. E essa é a maior das descobertas. Quando trabalhamos com afinco em cada um dos aspectos de nossa existência e nos comprometemos a seguir um caminho de evolução pessoal, nenhuma força negativa pode nos vencer.

O fato é que o anjo da morte é um tipo de energia que surge não apenas na morte física do corpo, mas também nas doenças e em todos os processos de falência, seja ela material, afetiva ou mental, que atingem um homem.

Aparece, por exemplo, quando somos tomados por sentimentos como raiva, mágoa ou medo e também quando produzimos palavras, pensamentos e ações destrutivas. A grande questão é que ele também é atraído por nós, já que ele se alimenta de nossa negatividade.

Os 72 anjos cabalísticos, ao desbloquear nossos canais de luz, não apenas afastam as energias negativas, como também evocam outra qualidade de anjo, que traz o tesouro mais precioso que podemos receber da vida: o anjo da Sherriná.

A SHERRINÁ – A PRESENÇA DIVINA

A presença da Sherriná acontece em momentos de inspiração, quando conseguimos nos abstrair do excesso de distração mundana e nos abrir à presença divina.

É difícil explicar de maneira clara como se dá a presença desse anjo, da mesma forma como também é difícil definir o sabor de uma fruta. Você pode dizer que a fruta é doce, ou cítrica, mas somente a experiência de comer a fruta lhe dará essa compreensão.

A Sherriná, também conhecida como a presença divina, vem acompanhada de uma sensação de profunda paz e plenitude. Quando abandonamos todos os nossos sentimentos negativos e nos permitimos uma total entrega aos mistérios e possibilidades da existência. Ao atingir esse grau de sensibilidade, qualquer sentimento de mágoa, medo ou raiva se desfaz imediatamente, porque percebemos que eles são ilusões de uma mente isolada.

Não é possível aprender sobre esse nível de experiência em aulas, nem em livros, porque ela envolve duas palavras que jamais foram definidas pela via intelectual: Amor e Deus. E saber sobre o amor não é conhecer o amor, assim como saber sobre Deus também não é conhecer Deus. Em outras palavras, tal aprendizado não pode vir jamais pela erudição, mas tão-somente por um contato real e que acontece, sempre, no momento presente.

É necessário um total nível de entrega para se trazer a Sherriná. Uma experiência meditativa e que só pode acontecer aqui e agora, porque este é o tempo de Deus. A mente vive no passado e no futuro, mas Deus está sempre no aqui e agora.

O contato com o anjo da Sherriná produz total recarga na bateria de nossa alma e nos faz compreender quão sem sentido são as insatisfações diárias, que nos colocam sempre vulneráveis diante do pêndulo de Schopenhauer.

Há algo de muito interessante na história de Alexandre, o Grande, um guerreiro e grande conquistador. Quando estava para morrer, ele pediu: "Por favor, no momento do meu funeral, coloquem minhas mãos para fora do caixão." Mas ninguém jamais havia sido velado dessa forma. Então perguntaram a ele o que significava isso. E ele respondeu: "É para todos verem que eu morri de mãos vazias!"

Observe que essa não é a reflexão de um homem místico, mas de alguém que passou a vida em função das conquistas materiais. É assim que acontece com as pessoas que dedicam a vida inteira só ao aspecto material. No momento da transição vem um desespero total. Isso acontece porque elas se esquecem de que vamos embora deste mundo da mesma forma como chegamos: com as mãos vazias.

O contato com a Sherriná nos traz esse algo a mais, que pode permanecer além da trajetória do corpo. Trata-se de um alimento divino.

Sabe-se que os mestres iluminados, quando deixam o mundo físico, não o fazem influenciados pelo anjo da morte, mas sim por uma presença intensa da Sherriná. É por isso que não há tristeza, ao contrário, quando eles se vão, deixam um rastro de Luz e consciência, tamanho o poder da substância divina.

E é para buscar o contato com a Sherriná e afastar o anjo da morte de nossa vida que precisamos conhecer e nos conectar com os 72 anjos cabalísticos, guardiões da Sherriná.

4. OS ANJOS GUARDIÕES

"A genialidade é um por cento inspiração
e 99 por cento transpiração."

Thomas Edison, inventor da lâmpada elétrica, século XIX

O segredo da comunicação com os anjos continuou a atravessar os séculos, passando de mestre para discípulo, até que chegou, no século XVII, às mãos de Moshe Chaim Luzzatto, um cabalista que viveu em Pádua, na Itália.

Luzzatto formou um círculo místico e, embora tenha desenvolvido notáveis poderes paranormais, insistia em dizer que a integridade de caráter e a humildade deveriam preceder qualquer experiência mística.

Em uma determinada noite foi despertado por uma voz que dizia: "Vou revelar-lhe os segredos ocultos do santo rei!". A partir de então, há registros de diversos relatos de discípulos que assistiram a sua comunicação com seu anjo da guarda. Confira o trecho da carta, enviada ingenuamente por um aluno a um rabino ortodoxo e que acabou provocando uma onda de perseguições:

"... Temos aqui um jovem, com não mais de 23 anos. Nestes últimos dois anos e meio, um mestre espiritual tem-se revelado para ele, um anjo santo e fantástico que lhe revela mistérios maravilhosos. Ele é muito modesto e a esse respeito nada conta a ninguém. No último mês tenho sido seu assistente, retirando água de seu poço. Ele conhece as encarnações anteriores de todos os homens e sabe todas as correções que eles têm que realizar. Conhece a ciência da leitura das linhas da mão e do rosto, em resumo, nada está oculto para ele..."

O ANJO GUARDIÃO E OS ANJOS CABALÍSTICOS

Todos os seres humanos possuem um anjo da guarda. Um mensageiro de Deus, que nos prepara na entrada neste mundo e nos recebe também em nossa despedida. Você pode esquecer-se dele, mas ele jamais se esquecerá de você. Esse anjo está presente durante toda a sua vida e, embora não possa interferir em seu livre-arbítrio, procura orientá-lo para que você possa cumprir sua missão da melhor forma possível.

Este anjo da guarda se relaciona com todos os 72 anjos cabalísticos, em especial com dois deles, chamados co-regentes, que estão regendo o planeta no momento de seu nascimento e que se juntam a ele na tarefa de levar a Luz divina para sua vida. O primeiro é o **anjo regente do zodíaco**, relacionado ao dia de seu nascimento, mais precisamente ao grau de seu signo. O segundo é o **anjo regente da hora**, relacionado a hora de seu nascimento. Durante cada dia, os 72 anjos cabalísticos se revezam na regência do planeta, cada um por ciclos de 20 minutos.

Conhecer esses anjos pode ser muito útil, porque eles falam de algo muito importante: sua missão. Assim, ao descobrir nossos anjos regentes, estamos aptos a entender um pouco mais sobre nossa missão nesta vida.

Por exemplo, digamos que você tenha nascido no dia 15 de maio, às 13h10. Descobrirá que seu anjo regente do zodíaco é Hahaiah, relacionado ao amor. Isso significa que parte de sua missão no mundo é levar o amor ao outro. Mas se você não desenvolve esse aspecto de compartilhar, é possível que acabe tendo problemas em sua própria vida afetiva.

Por ter nascido às 13h10, você descobrirá que seu anjo regente da hora é Ieiazel, relacionado ao combate ao pânico. Isso significa que também faz parte de sua missão no mundo levar a calma e a paz aos outros. Se não compartilha isso é possível que você mesmo seja acometido por excesso de medo e insegurança.

A seguir, estão disponíveis duas tabelas nas quais você encontrará seus dois anjos regentes.

TABELA PARA ENCONTRAR O ANJO REGENTE DO ZODÍACO:

Data de nascimento	sq	Anjo	Signo	Grau	Pág.
21/03 até 25/03	01	Vehuiah	Áries	0 a 4	86
26/03 até 30/03	02	Yeliel		5 a 9	87
31/03 até 04/04	03	Seitel		10 a 14	88
05/04 até 09/04	04	Alamiah		15 a 19	89
10/04 até 14/04	05	Mahasiah		20 a 24	90
15/04 até 20/04	06	Lelahel		25 a 29	91
21/04 até 25/04	07	Akaiah	Touro	0 a 4	93
26/04 até 30/04	08	Kahetel		5 a 9	94
31/04 até 05/05	09	Haziel		10 a 14	95
06/05 até 10/05	10	Aladiah		15 a 19	96
11/05 até 15/05	11	Laoviah		20 a 24	97
16/05 até 21/05	12	Hahaiah		25 a 29	98
22/05 até 26/05	13	Iezalel	Gêmeos	0 a 4	100
27/05 até 31/05	14	Mehabel		5 a 9	101
01/06 até 05/06	15	Hariel		10 a 14	102
06/06 até 10/06	16	Hakamiah		15 a 19	103
11/06 até 15/06	17	Lauviah		20 a 24	104
16/06 até 21/06	18	Caliel		25 a 29	105
22/06 até 26/06	19	Leuviah	Câncer	0 a 4	107
27/06 até 01/07	20	Pahaliah		5 a 9	108
02/07 até 06/07	21	Nelchael		10 a 14	109
07/07 até 11/07	22	Ieiaiel		15 a 19	110
12/07 até 16/07	23	Melahel		20 a 24	111
17/07 até 22/07	24	Hahiuiah		25 a 29	112
23/07 até 27/07	25	Nithaiah	Leão	0 a 4	114
28/07 até 02/08	26	Haaiah		5 a 9	115
03/08 até 07/08	27	Ierathel		10 a 14	116
08/08 até 12/08	28	Séheiah		15 a 19	117
13/08 até 17/08	29	Reiiel		20 a 24	118
18/08 até 22/08	30	Omael		25 a 29	119
23/08 até 27/08	31	Lecabel	Virgem	0 a 4	121
28/08 até 01/09	32	Vasariah		5 a 9	122
02/09 até 06/09	33	Iehuiah		10 a 14	123
07/09 até 11/09	34	Lehahiah		15 a 19	124
12/09 até 16/09	35	Chavakiah		20 a 24	125
17/09 até 22/09	36	Menadel		25 a 29	126

OS ANJOS GUARDIÕES

Data de nascimento	sq	Anjo	Signo	Grau	Pág.
23/09 até 27/09	37	Aniel	Libra	0 a 4	128
28/09 até 02/10	38	Haamiah		5 a 9	129
03/10 até 07/10	39	Rehael		10 a 14	130
08/10 até 12/10	40	Ieiazel		15 a 19	131
13/10 até 17/10	41	Hahael		20 a 24	132
18/10 até 23/10	42	Mikael		25 a 29	133
24/10 até 28/10	43	Veualiah	Escorpião	0 a 4	135
29/10 até 02/11	44	Ielahiah		5 a 9	136
03/11 até 07/11	45	Sealiah		10 a 14	137
08/11 até 12/11	46	Ariel		15 a 19	138
13/11 até 17/11	47	Asaliah		20 a 24	139
18/11 até 22/11	48	Mihael		25 a 29	140
23/11 até 27/11	49	Vehuel	Sagitário	0 a 4	142
28/11 até 02/12	50	Daniel		5 a 9	143
03/12 até 07/12	51	Hahasiah		10 a 14	144
08/12 até 12/12	52	Imamiah		15 a 19	145
13/12 até 17/12	53	Nanael		20 a 24	146
18/12 até 21/12	54	Nithael		25 a 29	147
22/12 até 26/12	55	Mebahiah	Capricórnio	0 a 4	149
27/12 até 31/12	56	Poiel		5 a 9	150
01/01 até 05/01	57	Nemamiah		10 a 14	151
06/01 até 10/01	58	Ieialel		15 a 19	152
11/01 até 15/01	59	Harael		20 a 24	153
16/01 até 20/01	60	Mitzrael		25 a 29	154
21/01 até 25/01	61	Umabel	Aquário	0 a 4	156
26/01 até 30/01	62	Iah-hel		5 a 9	157
31/01 até 04/02	63	Anauel		10 a 14	158
05/02 até 09/02	64	Mehiel		15 a 19	159
10/02 até 14/02	65	Damabiah		20 a 24	160
15/02 até 19/02	66	Manakel		25 a 29	161
20/02 até 23/02	67	Eiael	Peixes	0 a 4	163
24/02 até 28/02	68	Habuhiah		5 a 9	164
29/02 até 04/03	69	Realiah		10 a 14	165
05/03 até 09/03	70	Jabamaih		15 a 19	166
10/03 até 14/03	71	Haiaiel		20 a 24	167
15/03 até 20/03	72	Mumiah		25 a 29	168

Obs: se você nasceu nas primeiras horas do dia inicial ou nas últimas do dia final de um intervalo, o ideal é confirmar o grau exato de seu signo

Existem 360 graus divididos pelas 12 constelações; portanto, cada um dos 72 anjos ocupa cinco desses graus durante o ano (5 x 72 = 360).

TABELA PARA ENCONTRAR O ANJO REGENTE DA HORA:

Hora nasc.	sq	Anjo	Pág.	Hora nasc.	sq	Anjo	Pág.
00:00 a 00:19	01	Vehuiah	86	12:00 a 12:19	37	Aniel	128
00:20 a 00:39	02	Yeliel	87	12:20 a 12:39	38	Haamiah	129
00:40 a 00:59	03	Seitel	88	12:40 a 12:59	39	Rehael	130
01:00 a 01:19	04	Alamiah	89	13:00 a 13:19	40	Ieiazel	131
01:20 a 01:39	05	Mahasiah	90	13:20 a 13:39	41	Hahael	132
01:40 a 01:59	06	Lelahel	91	13:40 a 13:59	42	Mikael	133
02:00 a 02:29	07	Akaiah	93	14:00 a 14:19	43	Veualiah	135
02:20 a 02:39	08	Kahetel	94	14:20 a 14:39	44	Ielahiah	136
02:40 a 02:59	09	Haziel	95	14:40 a 14:59	45	Sealiah	137
03:00 a 03:19	10	Aladiah	96	15:00 a 15:19	46	Ariel	138
03:20 a 03:39	11	Lauviah	97	15:20 a 15:39	47	Asaliah	139
03:40 a 03:59	12	Hahaiah	98	15:40 a 15:59	48	Mihael	140
04:00 a 04:19	13	Iezalel	100	16:00 a 16:19	49	Vehuel	142
04:20 a 04:39	14	Mehabel	101	16:20 a 16:39	50	Daniel	143
04:40 a 04:59	15	Hariel	102	16:40 a 16:59	51	Hahasiah	144
05:00 a 05:19	16	Hakamiah	103	17:00 a 17:19	52	Imamiah	145
05:20 a 05:39	17	Lauviah	104	17:20 a 17:39	53	Nanael	146
05:40 a 05:59	18	Caliel	105	17:40 a 17:59	54	Nithael	147
06:00 a 06:19	19	Leuviah	107	18:00 a 18:19	55	Mebahiah	149
06:20 a 06:39	20	Pahaliah	108	18:20 a 18:39	56	Poiel	150
06:40 a 06:59	21	Nelchael	109	18:40 a 18:59	57	Nemamiah	151
07:00 a 07:19	22	Ieiaiel	110	19:00 a 19:19	58	Ieialel	152
07:20 a 07:39	23	Melahel	111	19:20 a 19:39	59	Harael	153
07:40 a 07:59	24	Hahiuiah	112	19:40 a 19:59	60	Mitzrael	154
08:00 a 08:19	25	Nithaiah	114	20:00 a 20:19	61	Umabel	156
08:20 a 08:39	26	Haaiah	115	20:20 a 20:39	62	Iah-hel	157
08:40 a 08:59	27	Ierathel	116	20:40 a 20:59	63	Anauel	158
09:00 a 09:19	28	Séheiah	117	21:00 a 21:19	64	Mehiel	159
09:20 a 09:39	29	Reiiel	118	21:20 a 21:39	65	Damabiah	160
09:40 a 09:59	30	Omael	119	21:40 a 21:59	66	Manakel	161
10:00 a 10:19	31	Lecabel	121	22:00 a 22:19	67	Eiael	163
10:20 a 10:39	32	Vasariah	122	22:20 a 22:39	68	Habuhiah	164
10:40 a 10:59	33	Iehuiah	123	22:40 a 22:59	69	Realiah	165
11:00 a 11:19	34	Lehahiah	124	23:00 a 23:19	70	Jabamaih	166
11:20 a 11:39	35	Chavakiah	125	23:20 a 23:39	71	Haiaiel	167
11:40 a 11:59	36	Menadel	126	23:40 a 23:59	72	Mumiah	168

A CONEXÃO COM OS ANJOS CABALÍSTICOS

Muito mais do que à visão mística, Luzzatto dedicou-se a desenvolver aspectos fundamentais da integridade, tais como a humildade, a precaução, o aperfeiçoamento e a compaixão. Talvez por isso o mestre tenha chegado a tamanho grau de conexão, porque era uma pessoa que buscava sempre o bem de todos.

Luzzatto fazia grande distinção entre a invocação e a evocação dos anjos. E há de fato grande diferença entre esses dois métodos. O processo de evocação sugere que você vá pedir algo a um anjo para que ele lhe traga aquilo que você acha que precisa. Essa não é uma prática recomendável, até porque, se tiver que pedir algo a alguém, peça diretamente a Deus, aquele que tudo emana.

Já a invocação é algo que acontece a partir de dentro de você. Quando, através de uma meditação, uma vocalização, uma ação, você desenvolve uma sintonia com a energia daquele anjo e assim abre o seu receptor para receber aquela energia para a sua vida. Além de ser algo muito mais coerente, essa é a ferramenta que lhe pode trazer verdadeiro crescimento espiritual.

Embora seja interessante conhecer os anjos guardiões, todos os 72 anjos cabalísticos são importantes, porque cada um fala de um diferente aspecto de nossa vida, e através deles podemos purificar todos os nossos canais de recebimento da Luz.

Você pode escolher, de acordo com sua necessidade, o contato com o anjo mais adequado para injetar Luz em um determinado momento de sua vida. Por exemplo, se vem sofrendo por questões ligadas à área material, é momento de injetar Luz nesse aspecto. Você poderá então fazer a invocação do anjo relacionado a este tema: a prosperidade.

Lembre-se de que tudo que existe, até nossos problemas, possui aspectos físicos e não-físicos. Se empreendemos nossa energia trabalhando também nos aspectos não perceptíveis, nossas chances de solucionar os problemas crescem muito. Você lembra do exemplo da árvore? É preciso cuidar também de suas raízes, mesmo que não sejam visíveis.

No próximo capítulo você terá a sua disposição um guia poderoso. Dê um crédito a você mesmo e experimente injetar Luz em sua vida, através das conexões com os anjos. Procure fazer isso sem expectativa, mas com a confiança de que há uma forte energia de proteção a seu lado.

Mas saiba que o mais importante de tudo é que isso seja feito com alegria e não como obrigação. Portanto, tente realizá-las em um momento favorável, de preferência silencioso. Se possível acenda um incenso ou uma vela, crie um ambiente propício.

E não espere resultados imediatos. Lembre que tudo tem um ponto de maturação. Com o passar do tempo você descobrirá a verdadeira dimensão da realização. Ela acontece quando aprendemos a enxergar o que está além dos olhos físicos, e então descobrimos uma profunda razão para nossa existência.

A FORÇA DOS ANJOS DA CABALA

Muitas são as pessoas que, pela conexão com os anjos, fortaleceram substancialmente essa força de realização em suas vidas. Por penetrar em um local inatingível pela via intelectual, esse contato pode trazer transformações muito positivas.

Existem diferentes maneiras de você se conectar com os anjos cabalísticos:

- **Luz para um aspecto de sua vida**

Você pode escolher, de acordo com as suas necessidades, a conexão com o anjo mais adequado para injetar Luz neste momento de sua vida. Por exemplo, se você tem sido acometido de muitos pensamentos negativos, a conexão com o anjo 04-Alamiah é muito indicada. Se experimentar realizá-la diariamente estará trabalhando em aspectos extrafísicos que lhe permitirão enxergar a vida de forma muito mais construtiva.

- **Conexão com seus anjos regentes**

É recomendável que façamos, de tempos em tempos, uma conexão com nossos anjos regentes. Você pode identificar os seus nas tabelas das páginas anteriores.

- **O oráculo**

Ao criar uma relação profunda com os anjos cabalísticos, você também poderá utilizar este guia como um oráculo. Assim, quando precisar de Luz sobre um problema ou decisão a tomar, você pode pensar sobre o problema, respirar fundo, fazer uma pequena oração e abrir aleatoriamente em uma das 72 páginas do guia de anjos. Uma resposta iluminada aparecerá para a situação.

• Um caminho de milagre de 72 dias

Essa forma de conexão é, de todas, a mais interessante, porém exige disciplina. Nela você se compromete a exercitar as conexões com os anjos, uma por dia, durante 72 dias consecutivos. Já tive oportunidade de fazê-las em grupo e posso lhe garantir que o resultado lhe trará algo de muito especial: uma nova visão da realidade.

UMA HISTÓRIA SOBRE A FORÇA

A história de Thomas Edison descreve a vida de um dos mais proeminentes inventores de todos os tempos. Muitos sabem que foi ele quem criou a lâmpada elétrica; o que quase ninguém sabe, entretanto, é sobre o caminho percorrido para se chegar a isso.

Quando criança, Edison tinha um sério problema auditivo e talvez por isso tenha sido considerado na escola, pelo professor, como "confuso da cabeça e com dificuldade de aprendizado". Sua mãe não tolerou aquele diagnóstico e a partir dali nunca mais ele voltaria a frequentar uma escola.

A mãe passou a educá-lo em casa, cercando-o de material criativo e escritos científicos, pelos quais o filho se apaixonou. Os tempos eram difíceis para sua família, e aos 12 anos Edison precisou arranjar um emprego como vendedor de guloseimas em um trem. Ainda assim, o jovem conseguia tempo para suas sessões de leitura e para instalar um pequeno laboratório no bagageiro do trem.

Um dia, os frascos do laboratório caíram com o balanço do trem e houve incêndio no bagageiro. Assim que conseguiu controlar o incêndio, seu chefe o arremessou para fora não sem antes aplicar-lhe um severo corretivo, que teria piorado em muito a sua audição.

Despejado, perambulou pelo seu país, sempre com muitas dificuldades, mas jamais desistindo de seu sonho de se tornar um inventor. Trabalhava pelo prazer de remover os problemas no caminho de seus inventos e sempre pelo método do ensaio e erro.

Foi assim que ele aperfeiçoou o telefone de Graham Bell, inventou o fonógrafo e partiu rumo ao seu grande projeto: a luz elétrica. Na época, as casas ainda eram iluminadas pela chama das velas. Mas a lâmpada elétrica seria a invenção que lhe daria mais trabalho.

Durante mais de um ano, ele e seus assistentes faziam e testavam filamentos de todos os materiais possíveis e imagináveis até que ele con-

A FORÇA: o poder dos anjos da Cabala

seguiu o material ideal e, em 21 de outubro de 1879, acendeu uma lâmpada por 45 horas seguidas.

A partir de então Thomas tornou-se um dos homens mais admirados do mundo. Mas não procurava honrarias e continuou a desenvolver e aprimorar seus inventos. Viveu intensamente até o fim e entrou para a história não apenas por suas invenções, mas também pela célebre frase: "O gênio é um por cento inspiração e 99 por cento transpiração."

Gosto de contar essa história porque ela fala do tema central deste livro: a força de superação. Tanto Edison, como sua mãe e seus companheiros de trabalho se deixaram contagiar por essa força luminosa, que torna qualquer sonho possível.

Precisamos desses exemplos, de pessoas que partiram em direção à realização de seus projetos, que ajudaram a humanidade não pela vontade de acumular riquezas ou poder, mas pelo desejo de produzir algo para o mundo. E precisamos lembrar que todos que chegaram a isso passaram por grandes dificuldades.

Essa é uma história que nos fala do que a força da Luz pode fazer em nossa vida. A força que possibilita a um artista criar sua grande obra, um cientista descobrir seu novo invento e mesmo um casal apaixonado gerar uma nova vida.

É do contato com essa energia pura e criativa que vem força para os 99% de transpiração aos quais se referia Edison e, mais ainda, o 1% essencial da inspiração, que pode acender não apenas a lâmpada física, mas também a Luz de nossa alma.

O ÚLTIMO ENCONTRO

Um arrepio percorreu a minha coluna vertebral quando lembrei que era o aniversário de 72 anos de meu mestre, e que muitos anos antes ele havia a mim profetizado que iria partir nessa idade.

Estávamos sem contato há algum tempo e ao procurar por notícias acabei por descobrir que ele estava internado, já em coma. Eu estava longe, não havia como chegar rápido, mas conhecia a força espiritual daquele raro homem.

Foram necessários 14 dias para que eu pudesse visitá-lo no hospital. E ele lá permanecia. Usando tudo o que aprendi nos benditos anos de convivência com aquele sacerdote de Deus, desprezei a visão física que me era sugerida naquele momento e procurei estabelecer contato direto com a sua alma.

Os anjos cabalísticos se apresentaram e abriram os canais de uma comunicação regada de lágrimas, fruto de um sentimento único, e que, mais que tudo, nos aproxima de Deus: o amor.

O mestre era um homem simples, que jamais chegara às manchetes dos jornais, mas que ensinou, como poucos, através do exemplo da ação, de onde vem a verdadeira força que move a vida. Não foram poucas as crianças que ele tirou da rua, transformando destinos e criando histórias de esperança.

Durante alguns minutos nos comunicamos. Mas é possível se comunicar com uma pessoa em coma total? Ele me ensinara que sim. E estava lá, há semanas, esperando por esse momento. Era véspera de Shabat, dia sagrado para nós, cabalistas.

Ao deixar aquele hospital eu sabia que nunca mais seria o mesmo. Havia um novo propósito em minha vida, algo a ser deixado para o mundo. Foi naquele Shabat que recebi, emocionado, a notícia de sua partida do mundo físico.

CONSIDERAÇÕES FINAIS

Segundo a Cabala, tudo que é manifesto no mundo possui um aspecto físico e um extrafísico. Uma perspectiva finita e outra infinita. Nossa tarefa é buscar esses aspectos infinitos em cada pessoa e situação. O primeiro é vulnerável à dor e ao sofrimento. Já o segundo é composto de pura plenitude, um estágio em que não existe mais a insatisfação.

A grande questão é que somos nós os responsáveis por colocar o foco em uma ou outra perspectiva. Em outras palavras, podemos dizer que nosso estado de espírito é direcionado não pelos fatos externos, mas sim por onde colocamos o foco de nossa atenção.

Assim, se algo me perturba, preciso tirar o foco disso e desviar minha atenção para algo luminoso. Dessa forma podemos nos nutrir e não deixar drenar nossa vitalidade. Esse é o grande segredo da paz de espírito.

Todas as meditações e conexões apresentadas neste livro são ferramentas que podem ajudar muito nessa direção. Ao colocar o foco nas letras sagradas dos anjos, nas vocalizações ou na leitura dos salmos, você pode se permitir tirar seu pensamento de uma situação negativa e colocá-lo em algo genuinamente luminoso.

As conexões com os 72 anjos da Cabala são forças essenciais, que funcionam como as turbinas capazes de colocar um avião de centenas de toneladas suspenso no ar. No guia prático, a seguir, você aprenderá a se utilizar dessas forças para que também possa se manter sempre elevado.

Espero, do fundo do meu coração, que todos os ensinamentos e práticas abordados neste livro tragam muita força a sua vida. Que o ajudem a lembrar quem você é e o que veio fazer neste planeta.

Ian Mecler
ian@mecler.com.br
www.portaldacabala.com.br.

PARTE 2

O poder dos anjos da Cabala

GUIA PRÁTICO – OS 72 ANJOS DA CABALA

"Você é filho do Universo, irmão das estrelas e árvores, você merece estar aqui! E mesmo que você não possa perceber, a Terra e o Universo vão cumprindo o seu destino. Assim, esteja em paz com Deus, como quer que você o conceba. E quaisquer que sejam os seus trabalhos e aspirações, na cansativa luta da vida, mantenha-se em paz consigo mesmo. Apesar de todos os enganos, problemas e sonhos desfeitos, este ainda é um mundo maravilhoso. Entusiasme-se. E faça tudo para ser feliz!"

Do poema Desiderata de Max Ehrmann, século XX

O segredo dos anjos cabalísticos resistiu a todos os desgastes do tempo e, passando de mão em mão, chegou até você. O resto desta folha fica em branco, para que futuramente você mesmo possa escrever como se utilizou desta força para receber a Luz e partir rumo à realização de seus sonhos.

A PRÁTICA DOS ANJOS

As páginas a seguir contêm importantes conexões para que você possa realmente acessar a força dos anjos cabalísticos. Para cada anjo, além de sua característica, são fornecidas as seguintes informações:

- **CONTATO COM O ANJO** – É preciso que você conheça o aspecto de seu receptor relacionado ao anjo, para ampliar sua consciência sobre o tema e assim não esperar apenas uma solução mágica para sua vida, se tornando protagonista desse processo.

- **MEDITAÇÃO** – A visualização das letras do anjo pode trazer muita Luz para aquele tema. Os anjos habitam um plano extrafísico chamado plano da formação. É, portanto, pela forma de suas letras, que você conseguirá maior proximidade com eles. A vocalização relacionada potencializa ainda mais a conexão.

- **SALMO** – A palavra possui grande poder de criar realidade. Por isso, para cada anjo, há um versículo de um salmo relacionado, que deve ser recitado em voz alta, no momento da conexão.

- **AÇÃO** – Para cada anjo é sugerida uma ação. Se você a experimenta, torna o processo ainda muito mais intenso.

Todos os anjos cabalísticos fazem parte da uma tabela conhecida como "Os 72 Nomes de Deus". Se você quiser saber mais sobre o assunto, não deixe de ler o apêndice deste livro, porque lá você descobrirá algo muito importante sobre a mística dos 72.

Os anjos cabalísticos apresentados a seguir estão divididos por grupos. No total são 12 grupos com seis anjos cada. Cada grupo está relacionado a um dos signos astrológicos. São diferentes qualidades de energia, representadas pelos 12 signos e que representam etapas essenciais no caminho da realização humana.

1º GRUPO – ÁRIES

O signo de Áries está associado à impulsividade. O aspecto positivo dessa energia se relaciona à força necessária para iniciar a busca da realização. Já o aspecto negativo refere-se à acentuação do comportamento reativo, característico do carneiro animal.

Os anjos deste primeiro grupo fortalecem nossos desejos mais elevados e combatem os desejos egoístas. A conexão com eles abre espaço para que a Luz possa penetrar e iluminar nossa vida.

SQ	ANJO
01	Vehuiah
02	Yeliel
03	Seitel
04	Alamiah
05	Mahasiah
06	Lelahel

01 – Anjo: VEHUIAH

CONEXÃO PARA: A FORÇA DE SUPERAÇÃO

Regente do horário: 00h00 – 00h19
Regente do zodíaco: 0 a 4 graus de Áries (21/03 a 25/03)
CARACTERÍSTICA: A pessoa nascida sob a influência do anjo Vehuiah precisa liderar e estar em constante atividade. Gosta de iniciar, mas nem sempre vai até o fim. Faz parte de sua missão ensinar às pessoas a jamais se entregarem e dar o exemplo, mostrando que a superação de obstáculos traz grande Luz. O aspecto contrário relaciona-se à grande ansiedade e falta de diplomacia para lidar com o outro.
CONTATO COM O ANJO: A conexão com esse anjo o ajudará a lembrar dos obstáculos que você já superou anteriormente e do quanto essa superação acabou transformando-o em um ser humano melhor. Através dele é possível resgatar uma força vital que permite ao homem recuperar-se das maiores adversidades e voltar a procurar a Luz para sua vida.

MEDITE NESSAS LETRAS E VOCALIZE: VERRU

SALMO: 3, vs. 4 – "Tu, Meu Deus, és um escudo a me proteger. És minha glória, a razão de se manter erguida minha cabeça."
AÇÃO: Sempre que possível, pare o que estiver fazendo por aproximadamente um minuto e observe o que você está pensando, sentindo ou fazendo. Isso ajudará a criar um estado de auto-observação e também a aproximá-lo de sua essência de Luz.

02 – ANJO: YELIEL

CONEXÃO PARA: VENCER OS CONFLITOS

Regente do horário: 00h20 – 00h39
Regente do zodíaco: 5 a 9 graus de Áries (26/03 a 30/03)
CARACTERÍSTICA: A pessoa nascida sob a influência do anjo Yeliel é habitualmente agradável e firme em seus propósitos, buscando sempre segurança física e emocional. Faz parte de sua missão criar uma nova visão de paz diante dos conflitos do mundo e levar essa visão à humanidade. O aspecto contrário se relaciona à rigidez de ideias e superficialidade nos relacionamentos.

CONTATO COM O ANJO: A conexão com esse anjo cria uma nova visão nos relacionamentos. Vivemos em um mundo em que sempre culpamos alguém: o governante, o chefe, as condições climáticas. No entanto, a maioria dos defeitos que observamos nos outros funciona na verdade como um espelho de nossos próprios defeitos. Conforme você se responsabiliza por seus próprios problemas, suas probabilidades de superá-los aumentam muito. Veja o mundo sob esse ângulo e evitará muitos conflitos.

MEDITE NESSAS LETRAS E VOCALIZE: **IELÍ**

SALMO: 22, vs. 20 – "Mas Tu, ó Eterno, eu Te peço, não Te afastes de mim; ó minha Força, apressa-te e vem em meu auxílio."

AÇÃO: Expresse seu desejo de compartilhar com uma pessoa pela qual sinta pouca afinidade. Pode ser enviando um presente, convidando para almoçar ou mesmo com um telefonema carinhoso; mas faça algo prático, que o aproxime dessa pessoa.

03 – Anjo: Seitel

CONEXÃO PARA: CRIAR ESCUDO DE PROTEÇÃO

Regente do horário: 00h40 a 01h59
Regente do zodíaco: 10 a 14 graus de Áries (31/03 a 04/04)
CARACTERÍSTICA: A pessoa nascida sob a influência do anjo Seitel gosta de elogio e reconhecimento. Ótima organizadora, sabe trabalhar em equipe. Faz parte de sua missão proteger todos os seres vivos. Em alguns momentos, se sentirá com medo, desprotegida, mas precisa entender que isso é apenas uma provação pela qual precisa passar, para que revele sua imensa força espiritual. O aspecto negativo relaciona-se à alienação e ao ceticismo.

CONTATO COM O ANJO: A conexão com esse anjo forma um escudo de proteção a sua volta. Meditando nessa sequência durante alguns minutos você estará criando um receptor mais forte e, portanto, menos vulnerável às energias negativas que o impedem de ver o milagre da vida.

MEDITE NESSAS LETRAS E VOCALIZE: **SEIAT**

SALMO: 94, vs. 22 – "O Eterno é meu baluarte, meu refúgio, a alta rocha em que me abrigo."
AÇÃO: Sempre que puder, pare por um minuto tudo que estiver fazendo e observe a qualidade de seus pensamentos e se esse tem sido um dia significativo para você.

04 – Anjo: Alamiah

CONEXÃO: ELIMINAR PENSAMENTOS NEGATIVOS

Regente do horário: 01h00 – 01h19
Regente do zodíaco: 15 a 19 graus de Áries (05/04 a 09/04)
CARACTERÍSTICA: A pessoa nascida sob a influência do anjo Alamiah é inspiradora, estimulante, mas às vezes pode ir longe demais. Faz parte de sua missão a "limpeza" do pensamento humano. Ela possui grande força mental e, por isso, precisa ajudar a humanidade a criar um novo foco, no que é realmente produtivo. O aspecto contrário relaciona-se a um constante pessimismo e não agradecimento mesmo diante de suas maiores bênçãos.

CONTATO COM O ANJO: A conexão com esse anjo ajuda a eliminar os pensamentos obsessivos, produzindo uma limpeza em nossa mente. É preciso lembrar que cada pensamento negativo funciona como uma pequena semente que dá origem a um processo destrutivo em nossa vida. Sempre que reconhecer um pensamento negativo vindo a sua mente, experimente uma limpeza através dessas letras e da vocalização Olam.

MEDITE NESSAS LETRAS E VOCALIZE: OLAM

SALMO: 6, vs. 5 – "Retorna, ó Eterno, e livra minha alma; salva-me por Tua imensa misericórdia."
AÇÃO: Sempre que um pensamento negativo vier a sua mente, experimente imediatamente trocá-lo por outro, positivo. Não avalie nem julgue, apenas troque-o.

05 – Anjo: Mahasiah

CONEXÃO PARA: A SAÚDE

Regente do horário: 01h20 – 01h39
Regente do zodíaco: 20 a 24 graus de Áries (10/04 a 14/04)
CARACTERÍSTICA: A pessoa nascida sob a influência do anjo Mahasiah possui ótimo canal de cura. Seja ou não profissional da área de saúde, precisa trabalhar essa missão em prol da humanidade. O aspecto contrário está relacionado a sucessivas somatizações de doenças e hipocondria.

CONTATO COM O ANJO: A Cabala explica que a doença é a ponta final de diversos movimentos de falência que atingem nossa vida. Processos de desestruturação emocional, mental e material, que acabam por se propagar em nosso organismo, gerando as chamadas doenças físicas. Muitas são as pessoas em todo o mundo que experimentaram curas inexplicáveis pela conexão com esse anjo. As letras são as mesmas que formam o nome original de Moisés, um grande mestre do milagre.

MEDITE NESSAS LETRAS E VOCALIZE: **MERRASH**

SALMO: 34, vs. 5 – "Busquei o Eterno, e Ele me respondeu, e de todos os meus temores me livrou."
AÇÃO: Experimente visualizar essa sequência, projetando toda a energia de cura para um copo de água mineral. O copo deve ser segurado com a mão direita e, depois, bebido de uma só vez. Experimente fazer isso para outra pessoa, pois levando a cura ao outro você leva também para si.

06 – Anjo: Lelahel

CONEXÃO PARA: A VISÃO PROFÉTICA

Regente do horário: 01h40 – 01h59
Regente do zodíaco: 25 a 29 graus de Áries (15/04 a 20/04)
CARACTERÍSTICA: A pessoa nascida sob a influência do anjo Lelahel chega ao mundo com alto nível de mediunidade. Faz parte de sua missão desenvolver esse dom e utilizá-lo em prol da humanidade. O aspecto contrário pode trazer confusão mental.

CONTATO COM O ANJO: Grandes mestres passaram pelo nosso mundo e foram importantes referências do ponto a que cada um de nós também pode chegar. Não falamos de magos adivinhos, mas sim de mestres verdadeiros. A conexão com esse anjo evoca a visão profética que esses mestres atingiram.

MEDITE NESSAS LETRAS E VOCALIZE: LÊLÁ

SALMO: 9, vs. 12 – "Cantem louvores ao Senhor que habita Sion, proclamem Seus atos entre as nações."
AÇÃO: Escolha um grande mestre pelo qual você tenha admiração e afinidade e estude um pouco sobre a vida dele hoje. Desta forma você estará se conectando com ele e se aproximando da grande bênção espiritual que é a visão profética.

2º GRUPO – TOURO

O signo de Touro é relacionado à busca de segurança e harmonia. Após o impulso inicial representado por Áries, é chegada a hora de se criar um porto seguro. O aspecto positivo dessa energia se relaciona à beleza e à força de equilíbrio. O aspecto de correção refere-se ao combate do comportamento superficial.

Os anjos do grupo de Touro fortalecem o equilíbrio da alma e aprimoram a beleza em todas as suas formas de expressão.

SQ	ANJO
07	Akaiah
08	Kahetel
09	Haziel
10	Aladiah
11	Lauviah
12	Hahaiah

07 – Anjo: Akaiah

CONEXÃO: **SABEDORIA E PROTEÇÃO MATERIAL**

Regente do horário: 02h00 – 02h19
Regente do zodíaco: 0 a 4 graus de Touro (21/04 a 25/04)
CARACTERÍSTICA: A pessoa nascida sob a influência do anjo Akaiah precisa dedicar-se à sabedoria espiritual mais elevada. Um desafio em sua vida é encontrar o ponto de equilíbrio entre a busca material e a busca da sabedoria pura. O aspecto contrário relaciona-se a desequilíbrios de ordem material.
CONTATO COM O ANJO: Fazemos conexão com esse anjo para encontrar uma proteção que nos permita garantir nossas necessidades materiais e, dessa forma, buscar a sabedoria para compreender os maiores mistérios da criação.

MEDITE NESSAS LETRAS E VOCALIZE: **ACÁ**

SALMO: 103, vs. 8 – "Misericordioso e Compadecido é o Senhor, lento para a ira e abundantemente benevolente."
AÇÃO: Procure se dedicar a praticar algo que você vem estudando. Duas sugestões: ações concretas de compartilhar e maior foco na meditação.

08 – Anjo: Kahetel

CONEXÃO PARA: REMOVER IMPULSO NEGATIVO

Regente do horário: 02h20 – 02h39
Regente do zodíaco: 5 a 9 graus de Touro (26/04 a 30/04)
CARACTERÍSTICA: A pessoa nascida sob a influência do anjo Kahetel possui personalidade e poder de influência fortes, mas precisa aprender a remover o impulso reativo. Faz parte de sua missão ajudar as pessoas a sua volta a vencerem suas inclinações negativas.
CONTATO COM O ANJO: Sempre que cedemos a nossos impulsos egoístas, nos comparando e querendo ser melhores do que os outros, acabamos por produzir um curto-circuito em nossa alma. A partir daí até a formação de doenças é só questão de tempo. Assim, ao desejar o bem e nos igualar aos outros, nossa vida se impulsiona para cima. A conexão com esse anjo ajuda a eliminar essa presença do ego.

MEDITE NESSAS LETRAS E VOCALIZE: KERRAT

SALMO: 95, vs. 6 – "Venham! Prostremo-nos e inclinemo-nos, ajoelhemo-nos diante do Senhor, nosso Criador."
AÇÃO: Experimente servir uma outra pessoa. Pode ser levar um café na cama para um parente, varrer o chão do local onde você trabalha. Enfim, seja solidário através de uma ação concreta.

09 – Anjo: Haziel

CONEXÃO PARA: A ALEGRIA

Regente do horário: 02h40 – 02h59
Regente do zodíaco: 10 a 14 graus de Touro (01/05 a 05/05)
CARACTERÍSTICA: A pessoa nascida sob a influência do anjo Haziel recebe uma grande bênção desde seu nascimento. Por ter uma essência naturalmente leve, exerce uma espécie de fascínio sobre as pessoas a sua volta. Faz parte de sua missão levar alegria e entusiasmo ao mundo. O aspecto contrário relaciona-se ao acúmulo de sentimentos de raiva e mau humor.
CONTATO COM O ANJO: Seja qual for o caminho que você escolheu para viver, a alegria é um fator essencial. Afinal, muitas são as pessoas que oram, estudam, se dedicam a um caminho, mas, ao fazer isto de maneira séria e pesada, acabam não encontrando absolutamente nada que valha a pena. Por isso, se você tem seguido com muita seriedade, está na hora de se sentir mais leve e entusiasmado. A conexão com esse anjo ajuda a criar esse estado de alegria.

MEDITE NESSAS LETRAS E VOCALIZE: RRAZAI

SALMO: 25, vs. 6 – "Lembra Tuas misericórdias, Senhor, e Tuas benevolências, pois elas estão desde o princípio do mundo."
AÇÃO: Procure atividades que lhe deem prazer e principalmente que o façam sorrir, como, por exemplo, assistir a uma comédia.

10 – Anjo: Aladiah

CONEXÃO PARA: **REMOVER O OLHAR NEGATIVO**

Regente do horário: 03h00 – 03h19
Regente do zodíaco: 15 a 19 graus de Touro (06/05 a 10/05)
CARACTERÍSTICA: A pessoa nascida sob a influência do anjo Aladiah possui espírito muito generoso. Por isso atrai o sentimento mais nobre dos outros. Tem a missão de remover a visão negativa do mundo. O aspecto contrário relaciona-se à inveja, à cobiça e à competição excessiva.

CONTATO COM O ANJO: A conexão com esse anjo ajuda a remover a inveja, um dos trágicos sintomas do comportamento reativo. Para que a inveja não tome conta de você e para que você também não atraia inveja dos outros existe um grande antídoto: a generosidade.

MEDITE NESSAS LETRAS E VOCALIZE: **ALAD**

SALMO: 33, vs. 22 – "Que Tua benevolência, Senhor, esteja sobre nós, conforme Te aguardamos."
AÇÃO: Expresse claramente sua generosidade. Seu inimigo interno tentará lhe convencer de que você não tem tempo ou recursos suficientes para isso. Não dê ouvidos a ele e realize sua prática.

11 – Anjo: Laoviah

CONEXÃO PARA: O REFINAMENTO

Regente do horário: 03h20 – 03h39
Regente do zodíaco: 20 a 24 graus de Touro (11/05 a 15/05)

CARACTERÍSTICA: A pessoa nascida sob a influência do anjo Lauviah vive em constante mutação. Ela precisa fazer do autoaprimoramento um exercício diário, porque faz parte de sua missão a busca da evolução da alma humana. O aspecto contrário relaciona-se à dificuldade de lidar com as perdas, sejam elas grandes ou pequenas.

CONTATO COM O ANJO: A conexão com esse anjo traz a consciência de refinamento. Assim como um empresário toma conta de sua empresa com todo afinco, um arquiteto estuda seu projeto nos mínimos detalhes, você, que se dedica à evolução de seu ser, precisa encontrar na dedicação diária ao autoaperfeiçoamento a chave para a sua evolução espiritual.

MEDITE NESSAS LETRAS E VOCALIZE: LAAV

SALMO: 18, vs. 47 – "O Senhor vive e, abençoado, é meu rochedo! Exaltado seja o Deus da minha salvação."

AÇÃO: Experimente passar um dia sem falar mal dos outros, sem se lamentar e sem ouvir maledicência alheia. Apenas um dia, muito concentrado nisso, desde o despertar até a noite. Isso é transformador.

12 – Anjo: Hahaiah

CONEXÃO PARA: O AMOR

Regente do horário: 03h40 – 03h59
Regente do zodíaco: 25 a 29 graus de Touro (16/05 a 21/05)
CARACTERÍSTICA: A pessoa nascida sob a influência do anjo Hahaiah possui o dom do amor. Bonita fisicamente, ela pode atrair paixões arrebatadoras. Sua missão é resgatar, diante de um mundo cada vez mais materialista, a pureza do amor pulsante e verdadeiro. O aspecto contrário relaciona-se a um intenso desejo de receber só para si e consequente afastamento das pessoas.

CONTATO COM O ANJO: A conexão com esse anjo amplia sua capacidade de amar e de ser amado. É impossível encontrar o amor quando se está repleto de egoísmo. Para viver um grande amor é preciso estar focado no desejo de compartilhar.

MEDITE NESSAS LETRAS E VOCALIZE: HAHA

SALMO: 9, vs. 10 – "O Senhor será uma cidadela de força para o oprimido, uma cidadela de força em tempos de aflição."
AÇÃO: Surpreenda uma pessoa que você ama – marido, mulher, um parente ou um amigo querido. Podem ser flores, uma carta bonita, um presente ou mesmo um abraço.

3º GRUPO – GÊMEOS

O signo de Gêmeos se relaciona a uma percepção mental do mundo, que jamais pode ser obtida por uma mente confusa ou agitada. Porque enquanto nossos olhos ficam encobertos por cascas, não conseguimos enxergar a verdadeira Luz que emana de cada pessoa, objeto ou situação que passa por nossa vida.

No entanto, ao quebrar as cascas do superficial, podemos revelar o oculto por trás do aparente e entrar em contato com uma qualidade de energia muito mais intensa. Os anjos deste grupo favorecem a serenidade e trazem a nós essa força para remover as cascas do mundo puramente físico.

SQ	ANJO
13	Iezalel
14	Mehabel
15	Hariel
16	Hakamiah
17	Lauviah
18	Caliel

13 – Anjo: Iezalel

CONEXÃO PARA: ENXERGAR A BELEZA

Regente do horário: 04h00 – 04h19
Regente do zodíaco: 0 a 4 graus de Gêmeos (22/05 a 26/05)
CARACTERÍSTICA: A pessoa nascida sob a influência do anjo Iezalel possui o dom da beleza, podendo atrair paixões arrebatadoras. Sua missão é desfazer as cascas da visão superficial e colocar a beleza em cada pequeno detalhe da existência. O aspecto contrário relaciona-se à superficialidade e ao foco excessivo na aparência física.

CONTATO COM O ANJO: A conexão com esse anjo ajuda a criar harmonia em cada pequeno espaço de sua vida, como seu trabalho, sua casa, seus relacionamentos e seu próprio corpo. A Cabala ensina que não basta fazermos as coisas, precisamos fazer de uma forma bela e com harmonia.

MEDITE NESSAS LETRAS E VOCALIZE: IEZAL

SALMO: 98, vs. 4 – "Clame ao Senhor toda a terra, abram suas bocas e cantem cânticos alegres e toquem música."

AÇÃO: Insira a harmonia em sua vida, concentrando-se em colocar a beleza em toda e qualquer expressão de seu ser. Você pode falar com os outros de uma maneira mais agradável, se vestir mais caprichosamente. Experimente elogiar as pessoas. Algo como: "Você está bonito hoje!" Um sorriso no rosto é outra ótima opção.

14 – Anjo: Mehabel

CONEXÃO: FORÇA PARA GRANDES DECISÕES

Regente do horário: 04h20 – 04h39
Regente do zodíaco: 5 a 9 graus de Gêmeos (27/05 a 31/05)
CARACTERÍSTICA: A pessoa nascida sob a influência do anjo Mehabel possui o dom da busca da justiça. Faz parte de sua missão produzir ideias significativas, bem como influenciar a humanidade na busca de elevação da consciência. O aspecto contrário relaciona-se à constante insegurança física e/ou emocional.
CONTATO COM O ANJO: Ao se conectar com esse anjo, você estará reforçando sua capacidade de fortalecer um propósito construtivo para sua vida, baseado no desejo de compartilhar. Há um lado destrutivo em cada ser humano, tentando convencê-lo a não criar restrição. "Tem vontade, faça", mas a Cabala nos ensina que a restrição é parte fundamental de um caminho de luz.

MEDITE NESSAS LETRAS E VOCALIZE: MABÁ

SALMO: 9, vs. 10 – "O Senhor será uma cidadela de força para o oprimido, uma cidadela de força em tempos de aflição."
AÇÃO: No dia da conexão com esse anjo, diga NÃO para algo que você sabe que lhe faz mal. Que seja somente um dia. Esteja certo de que, em algum momento, o que lhe faz mal não mais fará parte de sua vida.

15 – Anjo: Hariel

CONEXÃO PARA: A VISÃO CRIATIVA

Regente do horário: 04h40 – 04h59
Regente do zodíaco: 10 a 14 graus de Gêmeos (01/06 a 05/06)

CARACTERÍSTICA: A pessoa nascida sob a influência do anjo Hariel é criativa. Para se realizar precisa construir novos relacionamentos e empreendimentos que tragam um colorido novo a sua existência. O aspecto contrário relaciona-se à dificuldade de adaptação diante da necessária rotina do dia a dia.

CONTATO COM O ANJO: Ao se conectar com esse anjo você estará reforçando sua capacidade de ser criativo. Mesmo que você tenha uma rotina implacável e que faça as mesmas coisas todos os dias, sempre há uma maneira de fazê-las de forma diferente, reinventando-se. E não há como ser feliz sem exercer a criatividade.

MEDITE NESSAS LETRAS E VOCALIZE: RRÊRI

SALMO: 94, vs. 22 – "Então, o Senhor Se tornou uma fortaleza para mim, e meu Deus, a Rocha do meu refúgio."

AÇÃO: No dia de conexão com esse anjo procure fazer algo que você tenha vontade, mas não tem feito. Pode ser encontrar com os amigos, ir a um cinema, pintar um quadro, algo que desperte sua criatividade.

16 – Anjo: Hakamiah

CONEXÃO PARA: A CORAGEM

Regente do horário: 05h00 – 05h19
Regente do zodíaco: 15 a 19 graus de Gêmeos (06/06 a 10/06)

CARACTERÍSTICA: A pessoa nascida sob a influência do anjo Hakamiah possui força interior, caráter firme e fidelidade as suas crenças. Situações decisivas podem apresentar-se com frequência em sua vida, para lembrá-la de sua missão de remover o medo do mundo, lutar pela justiça e conduzir as pessoas por caminhos frutíferos. O aspecto contrário relaciona-se à traição e à luta por interesses egoístas.

CONTATO COM O ANJO: A conexão com esse anjo ajuda a criar coragem dentro de nós, para superarmos os maiores desafios de nossa vida, pela lembrança de que não estamos sós. Lembre-se de que todos os grandes mestres enfrentaram imensa resistência do sistema social. Mas eles seguiram adiante porque sabiam que não estavam sós e que o poder era, na verdade, emprestado da Luz do mundo infinito.

MEDITE NESSAS LETRAS E VOCALIZE: **RRÊKÁM**

SALMO: 88, vs. 2 – "Senhor, Deus de minha salvação, de dia eu clamo, de noite estou diante de Ti."

AÇÃO: Enfrente o maior de seus inimigos: o que mora dentro de você. Mostre a ele que você tem um propósito e não medirá esforços para realizá-lo. Faça isso repetindo a frase acima muitas vezes, se possível a cada meia hora.

17 – Anjo: Lauviah

CONEXÃO PARA: REFINAMENTO DAS EMOÇÕES

Regente do horário: 05h20 – 05h39
Regente do zodíaco: 20 a 24 graus de Gêmeos
(11/06 a 15/06)

CARACTERÍSTICA: A pessoa nascida sob a influência do anjo Lauviah possui as emoções à flor da pele. Adora música, arte, cinema e poesia. Sua missão está relacionada ao resgate das emoções humanas mais puras. O aspecto contrário relaciona-se à dificuldade de lidar com a tristeza e a raiva, bem como o medo da perda.

CONTATO COM O ANJO: Tudo o que trazemos para nossa experiência de vida se deve a um poderoso mecanismo de atração. Ele se dá basicamente por três diferentes formas: o pensamento, a palavra e a ação. A conexão com esse anjo ajuda a criar o refinamento nessas três vias.

MEDITE NESSAS LETRAS E VOCALIZE: **LEÚ**

SALMO: 8, vs. 10 – "Senhor, nosso Senhor, quão poderoso é Teu Nome através de toda a terra!"

AÇÃO: Experimente passar um dia inteiro com tolerância zero à palavra negativa.

18 – Anjo: Caliel

CONEXÃO PARA: A FERTILIDADE

Regente do horário: 05h40 – 05h59
Regente do zodíaco: 25 a 29 graus de Gêmeos (16/06 a 21/06)

CARACTERÍSTICA: A pessoa nascida sob a influência do anjo Caliel precisa gerar algo para o mundo. Comumente prepara filhos altamente capacitados, mas a fertilidade delas vai muito além da paternidade e aparece nas mais diversas formas de produção para o mundo. O aspecto contrário relaciona-se à estagnação e ao isolamento.

CONTATO COM O ANJO: Os três patriarcas, Abrahão, Isaac e Jacob, tiveram problemas de esterilidade com suas esposas, e todos superaram essas questões. Mas o código bíblico nos diz que a fertilidade vai além da questão de ter ou não filhos. Na verdade, a fertilidade está relacionada a nossa capacidade de ser produtivos em todas as áreas de nossa vida. A conexão com esse anjo ajudará você a se tornar mais fértil, através da criação de pensamentos, palavras e ações mais produtivas.

MEDITE NESSAS LETRAS E VOCALIZE: **CLI**

SALMO: 7, vs. 9 – "O senhor punirá as nações; mas julga-me, Senhor, de acordo com minha retidão e integridade."

AÇÃO: Concentre-se em fazer algo de produtivo, como por exemplo, resolver um problema de outra pessoa.

4º GRUPO – CÂNCER

O signo de Câncer tem forte relação com a emoção e com a família. Em Áries surge o impulso. Em Touro, a busca de segurança e harmonia. Em Gêmeos, o estudo e os relacionamentos. Nesse quarto signo surge a necessidade de se criar uma estrutura emocional.

Os anjos desse grupo promovem maior equilíbrio emocional.

SQ	ANJO
19	Leuviah
20	Pahaliah
21	Nelchael
22	Ieiaiel
23	Melahel
24	Hahiuiah

19 – Anjo: Leuviah

CONEXÃO PARA: A CONCENTRAÇÃO

Regente do horário: 06h00 – 06h19
Regente do zodíaco: 0 a 4 graus de Câncer (22/06 a 26/06)
CARACTERÍSTICA: A pessoa nascida sob a influência do anjo Leuviah possui grande capacidade intelectual e ótima memória. Faz parte de sua missão suportar as adversidades e esperar, pacientemente, o momento de levar sua Luz ao mundo. O aspecto contrário relaciona-se aos interesses superficiais múltiplos e à falta de confiança.
CONTATO COM O ANJO: A conexão com esse anjo ajuda a criar um receptor com mais concentração. Essa é uma virtude essencial para o homem que busca a autorrealização. Através dela é possível combater o tráfego de pensamentos desconexos e que não levam a lugar nenhum.

MEDITE NESSAS LETRAS E VOCALIZE: **LEVU**

SALMO: 40, vs. 2 – "No Eterno depositei minha esperança, e Ele para mim se inclinou, e minha prece ouviu."
AÇÃO: Pratique a meditação completa dos 72 nomes de Deus (no apêndice deste livro), respirando lenta e profundamente para cada uma das 72 sequências. Tente se manter focado apenas nas letras, ignorando qualquer pensamento que lhe venha à mente.

20 – Anjo: Pahaliah

CONEXÃO PARA: AFASTAR OS VÍCIOS

Regente do horário: 06h20 – 06h39
Regente do zodíaco: 5 a 9 graus de Câncer (27/06 a 01/07)
CARACTERÍSTICA: A pessoa nascida sob a influência do anjo Pahaliah é muito espiritualizada e jamais se deixa dominar pelas cascas materiais da realidade. Faz parte de sua missão difundir a espiritualidade pelo mundo e ajudar na criação de uma nova visão social. O aspecto contrário relaciona-se ao ateísmo, uso de drogas e libertinagem.
CONTATO COM O ANJO: A conexão com esse anjo ajuda a afastar a escravidão gerada pelas dependências e pelos vícios. O mundo em que vivemos incentiva a não-restrição. Se você cai nessa armadilha, tenta se convencer de que tudo pode: "Se tenho vontade, eu faço." Ao se conectar com esse anjo você estará reforçando sua capacidade de dizer NÃO para tudo aquilo que lhe é prejudicial.

MEDITE NESSAS LETRAS E VOCALIZE: **PERRIL**

SALMO: 120, vs. 2 – "Senhor, livra minha alma dos lábios mentirosos, de uma língua enganadora."
AÇÃO: Aproveite o dia da conexão com esse anjo para afastar um vício de sua vida. Se você for fumante, experimente passar esse dia sem fumar um único cigarro. Se for um compulsivo por comida, procure alimentos saudáveis.

21 – ANJO: NELCHAEL

CONEXÃO PARA: A BOA SORTE

Regente do horário: 06h40 – 06h59
Regente do zodíaco: 10 a 14 graus de Câncer (02/07 a 06/07)

CARACTERÍSTICA: A pessoa nascida sob a influência do anjo Nelchael é otimista, jovial e procura viver com qualidade. Possui magnetismo próprio, que atrai grandes bênçãos. Tem a missão de levar força e esperança à humanidade. O aspecto contrário relaciona-se à estagnação e à projeção de seus defeitos nos outros.

CONTATO COM O ANJO: A lei da atração explica que a boa sorte não está relacionada ao acaso, mas sim a uma melhor sintonia de seu receptor. A conexão com esse anjo ajuda a criar um receptor mais positivo e que atrai coisas boas para sua vida.

MEDITE NESSAS LETRAS E VOCALIZE: **NALAH**

SALMO: 31, vs. 15 – "Mas em Ti confiei, Eterno, e exclamei: 'Tu és meu Deus!'"

AÇÃO: Concentre-se em atingir um estado de grande otimismo. Faça isso pensando e agindo com muita positividade durante todo o processo de contato com o anjo. Lembre que a lei de atração é um fenômeno físico.

22 – Anjo: Ieiaiel

CONEXÃO PARA: A PROTEÇÃO DOS MESTRES

Regente do horário: 07h00 – 07h19
Regente do zodíaco: 15 a 19 graus de Câncer (07/07 a 11/07)
CARACTERÍSTICA: A pessoa nascida sob a influência do anjo Ieiaiel possui uma proteção adicional, pois tem facilidade de se conectar às grandes almas justas. Deveria reservar boa parte de seu tempo à busca de um conhecimento mais profundo, porque faz parte de sua missão espalhar esse conhecimento pela humanidade. O aspecto contrário relaciona-se à visão segmentada e excludente dos fatos.
CONTATO COM O ANJO: Grandes mestres passaram por nosso mundo e deixaram mais do que um enorme acervo de conhecimento. Abrahão, Isaac, Jacob, José, Moisés, assim como Buda, Jesus, Isaac Luria, Yogananda, foram exemplos vivos do ponto a que cada um de nós também pode chegar. A invocação desse anjo promove forte conexão com esses mestres, que seguiram por diferentes caminhos, mas, ao atingir a visão oculta, se tornaram despertos.

MEDITE NESSAS LETRAS E VOCALIZE: IEIAI

SALMO: 121, vs. 5 – "Deus é tua proteção. Como uma sombra, te acompanha a Sua Destra."
AÇÃO: Reflita sobre seus problemas mais difíceis e pergunte a si mesmo: O que um grande mestre faria em uma situação como esta? Para isso escolha um mestre pelo qual você sinta afinidade.

23 – Anjo: Melahel

CONEXÃO: PROTEÇÃO PARA VIAGENS

Regente do horário: 07h20 – 07h39
Regente do zodíaco: 20 a 24 graus de Câncer (12/07 a 16/07)
CARACTERÍSTICA: A pessoa nascida sob a influência do anjo Melahel não se contenta com pouco. É otimista, jovial e precisa muito de liberdade. Faz parte de sua missão retirar as pessoas a sua volta da estagnação e transformar a vida em um exercício de contínua aventura. O aspecto contrário relaciona-se a uma atuação excessivamente independente e ao rompimento com as raízes.
CONTATO COM O ANJO: A conexão com esse anjo cria proteção e confiança para as viagens físicas e também para as não-físicas, representadas pela busca de sabedoria. Um dos maiores obstáculos para a nossa evolução é a energia de medo. Essa conexão é especialmente recomendada para eliminar essa energia, que tanto consome e que acaba por nos paralisar.

MEDITE NESSAS LETRAS E VOCALIZE: MELAH

SALMO: 121, vs. 8 – "Estarás sob Sua proteção ao saíres e ao voltares, desde agora e para todo o sempre."
AÇÃO: No dia de conexão com esse anjo você se enche de confiança. Você sabia que existe um plano de grande felicidade para você?

24 – Anjo: Hahiuiah

CONEXÃO PARA: A PAZ

Regente do horário: 07h40 – 07h59
Regente do zodíaco: 25 a 29 graus de Câncer (17/07 a 22/07)
CARACTERÍSTICA: A pessoa nascida sob a influência do anjo Hahiuiah necessita de intenso convívio social. Integradora nata, faz parte de sua missão apaziguar os conflitos e levar uma nova visão de equilíbrio ao mundo. O aspecto contrário relaciona-se ao impulso reativo e à hipocondria.

CONTATO COM O ANJO: Todas as guerras, tanto as internas como as externas, se iniciam por processos reativos, originados da mente confusa e não-criativa. Ao tornar-se um ser meditativo você pode quebrar essa total identificação com a mente. Ao se conectar com esse anjo você irá conscientizar-se de que é algo além de sua mente e poderá recuperar um estado original. Uma paz que o aproxima do Criador.

MEDITE NESSAS LETRAS E VOCALIZE: RRARRÚ

SALMO: 33, vs. 18 – "Eis que o olho do Senhor está naqueles que O temem, sobre aqueles que aguardam Sua benevolência."

AÇÃO: A meditação é a ferramenta que pode tirá-lo do caos do comportamento reativo. Experimente uma postura contemplativa diante de todos os fatos de sua vida. Tanto os que você considera negativos como os positivos. Somente nesse estado você poderá conhecer sua verdadeira essência.

5º GRUPO – LEÃO

O signo de Leão tem forte relação com a criatividade e a força de luta. Dons fundamentais, principalmente quando estamos diante de grandes desafios e não sabemos que rumo tomar. Em meio à dúvida, as forças podem esvair-se, e o medo assumir o controle.

Mas não podemos desistir da vida e abandonar nossos sonhos em função de uma derrota passageira. Por isto fazemos conexão com os anjos do grupo de Leão: para recuperar nossa força de determinação e seguir rumo à realização de uma vida criativa e repleta de significado.

SQ	ANJO
25	Nithaiah
26	Haaiah
27	Ierathel
28	Séheiah
29	Reiiel
30	Omael

25 – Anjo: Nithaiah

CONEXÃO PARA: A PROTEÇÃO OCULTA

Regente do horário: 08h00 – 08h19
Regente do zodíaco: 0 a 4 graus de Leão (23/07 a 27/07)

CARACTERÍSTICA: A pessoa nascida sob a influência do anjo Nithaiah possui grande sensibilidade e atração pelas ciências ocultas. Faz parte de sua missão desenvolver sua paranormalidade e ajudar as pessoas a se sentirem mais seguras diante dos confrontos da vida. O aspecto contrário relaciona-se ao isolamento excessivo e ao desenvolvimento de mediunidade para fins particulares.

CONTATO COM O ANJO: Durante o exílio Moisés teve uma forte revelação da divindade e foi eleito para libertar os hebreus da escravidão. Humilde como era, ele questiona: "Quem sou eu, que irei ao faraó e tirarei o povo do Egito?" E o Eterno disse: "Eu estarei contigo." Nesse momento ele compreendeu que não estava só. A conexão com esse anjo o ajudará a perceber que você também não está só. Você terá essa clareza ao enxergar além do aparente.

MEDITE NESSAS LETRAS E VOCALIZE: NETAH

SALMO: 9, vs. 2 – "Eu agradecerei ao Senhor com todo o meu coração e proclamarei todos Seus maravilhosos atos."

AÇÃO: Independente de você ter uma religião ou não, ao se conectar com esse anjo procure fazer um pequeno ritual de oração. Mais importantes do que a forma são a concentração e a emoção ao fazê-lo. Isso o ajudará a perceber que há grande proteção a sua volta.

26 – Anjo: Haaiah

CONEXÃO PARA: A DISCIPLINA

Regente do horário: 08h20 – 08h39
Regente do zodíaco: 5 a 9 graus de Leão (28/07 a 02/08)
CARACTERÍSTICA: A pessoa nascida sob a influência do anjo Haaiah precisa estar sempre produzindo e contagia os outros com sua determinação. Faz parte de sua missão a organização de grupos e a busca de concretização dos ideais mais sublimes. O aspecto contrário é relacionado à crítica excessiva, à visão segmentada e à preguiça.
CONTATO COM O ANJO: Existe uma espécie de inimigo que nos acompanha durante toda nossa vida. Ele mora dentro de nós e está sempre estimulando nossos núcleos destrutivos. Precisamos dizer não a esses nossos aspectos para seguir em frente rumo à realização de nossos propósitos. A conexão com esse anjo ajuda a reforçar nossa disciplina para aprender a dizer não.

MEDITE NESSAS LETRAS E VOCALIZE: **RRAIAH**

SALMO: 119, vs. 145 – "Eu chamei com todo o meu coração; responde-me, Senhor. Eu conservarei Teus estatutos."
AÇÃO: Ao se conectar com esse anjo, diga NÃO para algo que não lhe serve mais. Pode ser um vício, um hábito destrutivo, o trabalho em excesso, mesmo um modo de ser. Enfim, negue veementemente o que o afasta da Luz.

27 – Anjo: Ierathel

CONEXÃO PARA: VENCER OS TIRANOS

Regente do horário: 08h40 – 08h59
Regente do zodíaco: 10 a 14 graus de Leão (03/08 a 07/08)

CARACTERÍSTICA: A pessoa nascida sob a influência do anjo Ierathel ama profundamente a paz e procura, a todo custo, estabelecer a justiça. Faz parte de sua missão ajudar a proteger os inocentes e lutar contra os maldosos. O aspecto contrário relaciona-se à alienação e ao envolvimento em relacionamentos destrutivos.

CONTATO COM O ANJO: A conexão com esse anjo é indicada para afastar os tiranos de sua vida. A melhor maneira de se fazer isso é mudando o receptor interno. Fazemos isso abandonando em nós qualquer traço de orgulho ou vaidade, eliminando o domínio do ego e os males que dele advêm.

MEDITE NESSAS LETRAS E VOCALIZE: IRAT

SALMO: 140, vs. 2 – "Livra-me, Senhor, do homem perverso, do homem de violência preserva-me."

AÇÃO: Mantenha uma postura humilde diante de todos que aparecerem em seu caminho, procurando servir ao outro em tudo o que for possível.

28 – Anjo: Seheiah

CONEXÃO PARA: BONS RELACIONAMENTOS

Regente do horário: 09h00 – 09h19
Regente do zodíaco: 15 a 19 graus de Leão (08/08 a 12/08)
CARACTERÍSTICA: A pessoa nascida sob a influência do anjo Seheiah possui grande capacidade de sintonia. Sociável, transmite uma força natural a todos que ficam a seu lado. Faz parte de sua missão orientar o próximo e apaziguar os conflitos do mundo. O aspecto contrário relaciona-se ao isolamento e ao comportamento excessivamente impulsivo.

CONTATO COM O ANJO: A conexão com esse anjo ajuda a atrair pessoas construtivas. O conhecido ditado popular "Diga-me com quem tu andas e te direi quem és!" resume bem a virtude do ser precavido. Cabe a você e a mais ninguém a escolha de suas companhias. Saiba que, de certa forma, são elas que vão formar seu caráter e seu estilo de vida. A palavra-chave aqui não é o pecado nem a culpa; essas são somente mais racionalizações para definir e o congelar em seus obstáculos. A palavra-chave aqui é direção. Para onde você deseja ir realmente.

MEDITE NESSAS LETRAS E VOCALIZE: SHAA

SALMO: 71, vs. 12 – "Oh Deus, não fiques longe de mim, oh meu Deus, apressa-Te em minha assistência."
AÇÃO: Procure uma pessoa que esteja distante, mas que você sabe que lhe é muito construtiva e que lhe faz bem.

29 – Anjo: Reiiel

CONEXÃO PARA: O SER CONTEMPLATIVO

Regente do horário: 09h20 – 09h39
Regente do zodíaco: 20 a 24 graus de Leão (13/08 a 17/08)
CARACTERÍSTICA: A pessoa nascida sob a influência do anjo Reiiel terá virtudes notáveis e buscará sempre o caminho da verdade. Faz parte de sua missão levar paz e confiança ao homem, mesmo nos momentos mais difíceis. O aspecto contrário relaciona-se à atividade mental excessiva e ao desequilíbrio psicológico.

CONTATO COM O ANJO: A conexão com esse anjo favorece a criação do comportamento contemplativo. Assim, quando você se sentir agredido, em vez de reagir movido pelo impulso da raiva, injetará Luz na situação. Com isso sua reação deixa de ser guiada pela inclinação negativa e você troca a sombra pela Luz.

MEDITE NESSAS LETRAS E VOCALIZE: **REEÍ**

SALMO: 54, vs. 6 – "Eis que Deus é meu auxiliador, meu Senhor está com os apoiadores da minha alma."

AÇÃO: Sempre que você se sentir reativo, experimente respirar profundamente três vezes e trazer à mente um momento significativo de sua vida, algo que o tenha emocionado.

30 – Anjo: Omael

CONEXÃO PARA: A ESPERANÇA

Regente do horário: 09h40 – 09h59
Regente do zodíaco: 25 a 29 graus de Leão (18/08 a 22/08)
CARACTERÍSTICA: A pessoa nascida sob a influência do anjo Omael necessita de intenso convívio social. É integradora nata, e faz parte de sua missão apaziguar os conflitos e levar uma nova visão de equilíbrio ao mundo. O aspecto contrário relaciona-se à visão pessimista dos acontecimentos e ao excesso de lamentação.

CONTATO COM O ANJO: José foi vendido como escravo e depois preso, injustamente. Mas não esmoreceu, mantendo-se firme e aguardando dias melhores. E por agir dessa forma os dias melhores chegaram. Muitas são as pessoas que por muito menos desistem, ao cair diante dos primeiros obstáculos. A conexão com esse anjo resgatará esta força e fé de José dentro de você.

MEDITE NESSAS LETRAS E VOCALIZE: **ÔOM**

SALMO: 71, vs. 5 – "Pois Tu és minha esperança, meu Senhor, minha segurança desde minha juventude."

AÇÃO: Procure passar o dia da conexão com esse anjo em estado de grande otimismo. Pense e aja com muita positividade durante todo esse dia. A Cabala ensina que você constrói sua realidade por meio de sua relação com os pensamentos e palavras.

6º GRUPO – VIRGEM

O sexto signo, representado por Virgem, é associado à crítica e à purificação. A crítica, desde que construtiva, possibilita melhor entendimento de nós mesmos para que, a partir de então, sigamos em um processo de purificação.

Os anjos deste grupo promovem a purificação nos mais diversos aspectos de nossa existência.

SQ	ANJO
31	Lecabel
32	Vasariah
33	Iehuiah
34	Lehahiah
35	Ravakiah
36	Menadel

31 – Anjo: LECABEL

CONEXÃO PARA: A PERMANÊNCIA

Regente do horário: 10h00 – 10h19
Regente do zodíaco: 0 a 4 graus de Virgem (23/08 a 27/08)
CARACTERÍSTICA: A pessoa nascida sob a influência do anjo Lecabel é de natureza determinada. A realização profissional faz parte de seu destino, mas é preciso ter paciência, porque ela não costuma vir rápido. É sua missão desenvolver, com persistência, projetos que ajudem na melhoria do mundo. O aspecto contrário relaciona-se à rigidez excessiva e a dificuldades com o desapego, mesmo daquilo que não serve mais.
CONTATO COM O ANJO: A conexão com esse anjo favorece muito uma consciência de permanência, grande chave no caminho da realização. A cultura do descartável vem crescendo: objetos, relacionamentos, religiões, caminhos espirituais, tudo vem se tornando crescentemente descartável. Mas saiba que só na permanência em seu propósito você conseguirá realizar-se.

MEDITE NESSAS LETRAS E VOCALIZE: LECAV

SALMO: 71, vs. 15&16 – "Minha boca falará da Tua retidão, o dia inteiro da Tua salvação, pois não conheço seus números." "Viverei com os atos poderosos do meu Senhor."
AÇÃO: Resgate uma atividade ou mesmo um relacionamento que você tenha abandonado, mas sabe que lhe é construtivo. Pode ser um estudo, um livro, ou mesmo um amigo afastado. Você saberá reconhecer o que precisa ser resgatado.

32 – Anjo: VASARIAH

CONEXÃO PARA: ROMPER COM A REPETIÇÃO

Regente do horário: 10h20 – 10h39
Regente do zodíaco: 5 a 9 graus de Virgem (28/08 a 01/09)

CARACTERÍSTICA: A pessoa nascida sob a influência do anjo Vasariah é criativa, inovadora, interessada em tudo e, se possível, faz duas ou três coisas ao mesmo tempo. Mas ela não vive bem sozinha. Faz parte de sua missão quebrar a estagnação e levar novas possibilidades de se viver à humanidade. O aspecto contrário relaciona-se à dispersão excessiva e à infidelidade.

CONTATO COM O ANJO: Quando diante de um problema, o homem se enfraquece e normalmente se lamenta por isso. Um determinado tempo se passará, e ele se sentirá reestabelecido, sintonizando agora em outra classe de problemas. Depois se reinicia o ciclo do problema original. É dessa maneira que vive grande parte da humanidade. Conecte-se com esse anjo para desfazer esse programa serial, que fica instalado na alma, e, pouco a pouco, se permita romper com esse ciclo de repetições.

MEDITE NESSAS LETRAS E VOCALIZE: VESHAR

SALMO: 33, vs. 4 – "Pois íntegra é a palavra do Senhor, e todo ato Seu é feito com fé."

AÇÃO: Experimente fazer algo diferente, algo criativo, de que você goste muito, mas para o que não se tem dado oportunidade.

33 – Anjo: IEHUIAH

CONEXÃO PARA: TRANSFORMAR SOMBRA EM LUZ

Regente do horário: 10h40 – 10h59
Regente do zodíaco: 10 a 14 de Virgem (02/09 a 06/09)
CARACTERÍSTICA: A pessoa nascida sob a influência do anjo Iehuiah é dotada de grande poder crítico e talento intelectual. Faz parte de sua missão levar um novo pensar, sincero e construtivo, ao mundo. O aspecto contrário relaciona-se à mentira e ao materialismo excessivo.
CONTATO COM O ANJO: A conexão com esse anjo ajuda a criar um compromisso com a verdade, palavra libertadora no caminho espiritual. Um sincero olhar para dentro é a melhor maneira de combater os núcleos sombrios e revelar a Luz da vida.

MEDITE NESSAS LETRAS E VOCALIZE: IERRÚ

SALMO: 33, vs. 11 – "Mas o conselho do Senhor permanece para sempre, os desígnios do Seu coração, por todas as gerações."
AÇÃO: Experimente um pacto com a verdade durante o dia da conexão com esse anjo. Assim, não se permita nenhum tipo de mentira, mesmo as pequenas desculpas. Nem consigo próprio nem com os outros. Você se surpreenderá ao ver como a verdade traz algo muito positivo para os relacionamentos.

34 – Anjo: LEHAHIAH

CONEXÃO PARA: O PERDÃO

Regente do horário: 11h00 – 11h19
Regente do zodíaco: 15 a 19 graus de Virgem (07/09 a 11/09)

CARACTERÍSTICA: A pessoa nascida sob a influência do anjo Lehahiah é concentrada e responsável por tudo aquilo que lhe acontece. É leal e está sempre pronta a ajudar os outros. Faz parte de sua missão levar ao mundo sua força de transformação, através do perdão e da elevação da consciência. O aspecto contrário relaciona-se à irritabilidade e ao acúmulo de sentimentos negativos.

CONTATO COM O ANJO: É importante que você entenda que as mágoas que guarda de pessoas ou situações do passado o mantêm aprisionado e o impedem de conhecer o caminho da Luz. É pelo perdão que você eliminará a sombra de seu caminho e conhecerá uma nova e realizadora dimensão de vida. A conexão com esse anjo ajuda a criar esse estado de perdão.

MEDITE NESSAS LETRAS E VOCALIZE: LERRÁ

SALMO: 131, vs. 3 – "Espere tranquilo e confiante no Eterno, você que busca a Luz, agora e por todo o sempre."

AÇÃO: Esforce-se em perdoar qualquer pessoa que você pense lhe ter causado algum mal. Lembre-se de que, se isto aconteceu, você tinha receptor para isso.

35 – Anjo: RAVAKIAH

CONEXÃO PARA: A HARMONIA SEXUAL

Regente do horário: 11h20 – 11h39
Regente do zodíaco: 20 a 24 graus de Virgem (12/09 a 16/09)

CARACTERÍSTICA: A pessoa nascida sob a influência do anjo Ravakiah é determinada, confiante e não se deixa influenciar facilmente. Faz parte de sua missão dedicar-se ao compartilhar em todos os aspectos, percebendo que dar e receber são a mesma coisa. O aspecto contrário relaciona-se à eventual dificuldade de se relacionar de forma pura e amorosa.

CONTATO COM O ANJO: A conexão com esse anjo ajuda a criar um receptor criativo, interligando sua sexualidade com sua essência amorosa.

MEDITE NESSAS LETRAS E VOCALIZE: KEVÁK

SALMO: 116, vs. 1 – "Amo o Eterno porque Ele ouve minha voz e minhas súplicas."

AÇÃO: Experimente várias vezes, no dia de conexão com este anjo, respirar profundamente e sentir seu corpo como uma só unidade. Um único bloco interligando intelecto, emoção e físico.

36 – Anjo: MENADEL

CONEXÃO PARA: A FORÇA DE CONSTRUÇÃO

Regente do horário: 11h40 – 11h59
Regente do zodíaco: 25 a 29 graus de Virgem (17/09 a 22/09)
CARACTERÍSTICA: A pessoa nascida sob a influência do anjo Menadel possui uma força nada aparente, mas é capaz de se reerguer diante dos maiores obstáculos. Faz parte de sua missão ajudar a humanidade a libertar-se de todas as suas iniquidades. O aspecto contrário relaciona-se à destrutividade, que pode se materializar por vícios e compulsões.
CONTATO COM O ANJO: Quando algo não vai bem em sua vida, logo surgem alternativas sedutoras, porém destrutivas. A curto prazo pode parecer mais atraente do que tentar consertar o erro, mas o resultado final não é positivo. A conexão com esse anjo ajuda a dizer "Não" para essas alternativas e a procurar uma solução verdadeiramente construtiva.

MEDITE NESSAS LETRAS E VOCALIZE: MENAD

SALMO: 26, vs. 8 – "Ó Eterno, amo o Templo de Tua morada, o lugar que habita Tua glória!"
AÇÃO: Anote em um pedaço de papel um problema que o tenha atormentado ultimamente e o que você pode fazer para resolvê-lo de modo construtivo.

7º GRUPO – LIBRA

O signo de Libra é associado à virtude do relacionamento interpessoal, algo que não se obtém pela leitura de livros, mas somente no contato com o outro. Aqui é necessária atenção, para evitar a superficialidade, uma vez que a facilidade para iniciar um relacionamento não é a mesma para aprofundá-lo.

Uma meditação, uma oração, mesmo uma respiração mais profunda são ferramentas essenciais para encontrarmos um estado de equilíbrio que nos deixe mais centrados. Os anjos deste grupo trazem a nós essa força de equilíbrio.

SQ	ANJO
37	Aniel
38	Haamiah
39	Rehael
40	Ieiazel
41	Hahael
42	Mikael

37 – Anjo: Aniel

CONEXÃO: O EU VERDADEIRO

Regente do horário: 12h00 – 12h19
Regente do zodíaco: 0 a 4 graus de Libra (23/09 a 27/09)

CARACTERÍSTICA: A pessoa nascida sob a influência do anjo Aniel destaca-se por seu talento intelectual, possuindo grande capacidade de discernimento. Se usa seu potencial pode se tornar muito influente. Faz parte de sua missão levar uma nova visão à humanidade, através do exemplo de sua conduta. O aspecto contrário relaciona-se à dupla personalidade e à necessidade excessiva de reconhecimento.

CONTATO COM O ANJO: Esse anjo, que aparece bem no centro da tabela dos 72 nomes de Deus, traz a consciência de nosso ser essencial, muito diferente daquele provocado pela identificação egóica. Sua invocação ajuda a libertar da insegurança, causada exatamente pela falta de visão espiritual, e é indicada para nos reconectar à fonte de Luz que provê tudo aquilo de que precisamos.

MEDITE NESSAS LETRAS E VOCALIZE: ANI

SALMO: 80, vs. 8 – "Restaura-nos, ó Deus dos Exércitos! Faze sobre nós resplandecer Tua face, e então seremos salvos."

AÇÃO: Dedique ao menos 15 minutos no dia de conexão com esse anjo à prática da meditação, procurando, assim, resgatar sua essência mais luminosa.

38 – Anjo: HAAMIAH

CONEXÃO PARA: COMPARTILHAR

Regente do horário: 12h20 – 12h39
Regente do zodíaco: 5 a 9 graus de Libra (28/09 a 02/10)

CARACTERÍSTICA: A pessoa nascida sob a influência do anjo Haamiah é dedicada à família e gosta de estar rodeada de amigos. Faz parte de sua missão ajudar os necessitados, material e emocionalmente. O aspecto contrário relaciona-se à alienação e à recorrente insatisfação com os relacionamentos afetivos.

CONTATO COM O ANJO: A menos que siga um sistema que o ajude a controlar seus instintos e dominar as inclinações negativas, o homem estará sempre adiando a prática da misericórdia e priorizando suas necessidades particulares imediatas. Ao se conectar com esse anjo você estará se conscientizando do quanto o compartilhar é a chave para uma vida feliz.

MEDITE NESSAS LETRAS E VOCALIZE: **RRÊÊM**

SALMO: 91, vs. 9 – "Pois disseste: 'O Eterno é meu refúgio' e fizeste tua a morada do Altíssimo."

AÇÃO: No dia de conexão com esse anjo procure realizar ações concretas relacionadas ao compartilhar, envolvendo seu tempo, suas posses materiais e seu afeto. Por exemplo: você pode reservar meia hora de seu dia para passar com uma pessoa amada, fazer uma doação material para alguém que precise e declarar seu amor ou amizade a alguém.

39 – Anjo: REHAEL

CONEXÃO PARA: A CURA DO MUNDO

Regente do horário: 12h40 – 12h59
Regente do zodíaco: 10 a 14 graus de Libra (03/10 a 07/10)

CARACTERÍSTICA: A pessoa nascida sob a influência do anjo Rehael é um médico da alma. Faz parte de sua missão ajudar as pessoas a se libertarem de suas angústias e iniquidades e, se não realiza sua missão, pode ela mesma ser acometida por problemas de saúde. O aspecto contrário relaciona-se à tendência aos vícios e compulsões.

CONTATO COM O ANJO: A conexão com esse anjo ajuda a recuperar um estado de unidade, no qual não há qualquer fragmentação. Um estado profundamente curativo, porque nele não há comparação com o próximo, mas simplesmente o desejo de estar junto.

MEDITE NESSAS LETRAS E VOCALIZE: RIRRÁ

SALMO: 30, vs. 11 – "Ouve, Senhor, e favorece-me Senhor; sê meu auxiliador!"

AÇÃO: Durante todo o dia de conexão com esse anjo, sempre que possível, pare e respire profundamente dez vezes.

40 – Anjo: IEIAZEL

CONEXÃO PARA: **COMBATER O PÂNICO**

Regente do horário: 13h00 – 13h19
Regente do zodíaco: 15 a 19 graus de Libra (08/10 a 12/10)

CARACTERÍSTICA: A pessoa nascida sob a influência do anjo Ieiazel é psiquicamente muito forte, capaz de se reerguer diante dos maiores obstáculos. Faz parte de sua missão ajudar a humanidade a libertar-se de suas angústias. O aspecto contrário relaciona-se à destrutividade e ao descontrole emocional.

CONTATO COM O ANJO: A conexão com esse anjo ajuda na proteção contra o pânico, um estado de desconexão da Luz. Uma ótima maneira de combater o pânico é inserir o compartilhar em sua vida. Experimente ajudar alguém que precise e então rapidamente você sai do curto-circuito, começando a receber a Luz novamente.

MEDITE NESSAS LETRAS E VOCALIZE: IIAZ

SALMO: 88, vs. 14 – "Porém, eu a Ti, Senhor, tenho clamado, e pela manhã minha prece Te saudará."

AÇÃO: Invista parte de seu tempo fazendo algo por alguém que esteja precisando de uma força extra.

41 – Anjo: HAHAEL

CONEXÃO PARA: O EQUILÍBRIO EMOCIONAL

Regente do horário: 13h20 – 13h39
Regente do zodíaco: 20 a 24 graus de Libra (13/10 a 17/10)
CARACTERÍSTICA: A pessoa nascida sob a influência do anjo Hahael é dotada de elevada sensibilidade e, por isso, prioriza sempre os bons relacionamentos. Faz parte de sua missão ajudar os outros no processo de "despertar". O aspecto contrário relaciona-se à projeção de seus próprios defeitos nos outros e à hiperocupação de seu tempo com o que não lhe é essencial.

CONTATO COM O ANJO: A conexão com esse anjo lhe ajudará a se tornar meditativo, pela quebra da total identificação com o intelecto. Então você poderá recuperar um estado original, uma paz que aproxima do Criador.

MEDITE NESSAS LETRAS E VOCALIZE: **HAHA**

SALMO: 120, vs. 2 – "Senhor, livra minha alma dos lábios mentirosos, de uma língua enganadora."

AÇÃO: No dia de conexão com esse anjo procure criar atenção redobrada. Assim, sempre que se sentir reativo diante de qualquer evento, imediatamente busque seu centro, respire mais profundamente, e repita a seguinte frase: "Sou eu que dou significado a tudo que vejo.".

42 – Anjo: MIKAEL

CONEXÃO PARA: A CONSCIÊNCIA DA SEMENTE

Regente do horário: 13h40 – 13h59
Regente do zodíaco: 25 a 29 graus de Libra (18/10 a 23/10)

CARACTERÍSTICA: A pessoa nascida sob a influência do anjo Mikael é imbuída de grande curiosidade e quer saber tudo sobre os acontecimentos. Faz parte de sua missão pesquisar sobre os mistérios da vida humana, sempre a partir de sua própria experiência de vida. Aspecto contrário relacionado à ocupação de seu tempo com o que não lhe é essencial.

CONTATO COM O ANJO: Estamos sempre plantando sementes em nossa vida. A cada pequena escolha, uma nova semente é plantada, seja ela material, afetiva ou intelectual. No entanto, por vezes não conseguimos identificar as sementes por trás de determinadas situações. A conexão com esse anjo ajuda a criar esta consciência, importante e transformadora, de que mais do que o efeito, você é a causa de sua história.

MEDITE NESSAS LETRAS E VOCALIZE: **MIAK**

SALMO: 121, vs. 7 – "O Senhor te protegerá de todo mal, Ele guardará tua alma."

AÇÃO: Reflita sobre algo que você tenha plantado no passado e que gere um efeito negativo em sua vida. Então aproveite para plantar uma nova semente construtiva. Por exemplo, se você tinha muita prosperidade, mas não compartilhava na mesma medida, experimente fazer uma doação.

8º GRUPO – ESCORPIÃO

O signo de Escorpião está associado à capacidade de transformação. A virtude necessária para tal é a humildade: um movimento interior, de abandono da vaidade, e que permite o início do movimento transformador.

Os anjos deste grupo trazem a nós essa força para a autotransformação e para a eliminação de toda forma de ressentimentos.

SQ	ANJO
43	Veualiah
44	Ielahiah
45	Sealiah
46	Ariel
47	Asaliah
48	Mihael

43 – Anjo: VEUALIAH

CONEXÃO PARA: COMBATER AS COMPULSÕES

Regente do horário: 14h00 – 14h19
Regente do zodíaco: 0 a 4 graus de Escorpião (24/10 a 28/10)
CARACTERÍSTICA: A pessoa nascida sob a influência do anjo Veualiah possui uma força extrafísica, e é capaz de vencer grandes desafios. Faz parte de sua missão ajudar a humanidade a encontrar a verdadeira paz de espírito e libertar-se dos vícios. O aspecto contrário relaciona-se com o comportamento compulsivo.
CONTATO COM O ANJO: A conexão com esse anjo ajuda a afastar a escravidão gerada pelas dependências e pelos vícios, um tema essencial para o homem que almeja sua própria liberdade. Ela reforça nossa capacidade de dizer NÃO para tudo aquilo que nos é prejudicial.

MEDITE NESSAS LETRAS E VOCALIZE: VEVAL

SALMO: 88, vs. 14 – "Quanto a mim, a Ti ergo minhas súplicas e, desde o alvorecer, a Ti chega minha prece."
AÇÃO: No dia de conexão com esse anjo diga NÃO para algo que você sabe que lhe faz mal. Pode ser cigarro, remédios, uma maneira de se alimentar, uma postura sexual, drogas, mesmo o computador. Tenha certeza de que em breve e, com muito menos esforço do que possa imaginar, você acabará eliminando essa presença negativa de sua vida.

44 – Anjo: IELAHIAH

CONEXÃO PARA: JULGAMENTOS MAIS BRANDOS

Regente do horário: 14h20 – 14h39
Regente do zodíaco: 5 a 9 graus de Escorpião (29/10 a 02/11)

CARACTERÍSTICA: A pessoa nascida sob a influência do anjo Ielahiah é uma legisladora em potencial. Dotada de grande capacidade de discernimento, faz parte de sua missão buscar a justiça verdadeira, pelo relacionamento diplomático e não pelo atrito. O aspecto contrário relaciona-se a comportamento excessivamente severo consigo e com os outros.

CONTATO COM O ANJO: Quando trilhamos um caminho espiritual, procuramos minimizar nossos atos negativos, porque a lei de retorno ensina que toda e qualquer ação provoca um efeito futuro. Mas errar faz parte da história humana, e é impossível viver apenas de acertos. A conexão com esse anjo abranda a energia de julgamento, tanto o que vem a nós por nossas ações quanto o que infligimos aos outros.

MEDITE NESSAS LETRAS E VOCALIZE: **IÊLAH**

SALMO: 119, vs. 108 – "Aceita favoravelmente as oferendas de meus lábios e ensina-me Teus juízos."

AÇÃO: No dia de conexão com esse anjo evite julgar a si ou a qualquer outra pessoa. Sempre que uma crítica lhe vier à mente permaneça em silêncio e não a expresse, de maneira nenhuma.

45 – Anjo: Sealiah

CONEXÃO PARA: A PROSPERIDADE

Regente do horário: 14h40 – 14h59
Regente do zodíaco: 10 a 14 graus de Escorpião
(03/11 a 07/11)

CARACTERÍSTICA: A pessoa nascida sob a influência do anjo Sealiah possui grande capacidade de transformar trabalho em riqueza. Faz parte de sua missão ajudar a todos a sua volta e, se assim fizer, a fartura estará sempre presente em sua vida. O aspecto contrário relaciona-se a pessimismo diante dos obstáculos financeiros e à avareza.

CONTATO COM O ANJO: Muito mais do que sua capacidade de acumular, a prosperidade está relacionada ao quanto você compartilha tudo aquilo que recebe. Assim, conectamos com esse anjo para encontrar um talento que nos permita garantir nossas necessidades materiais e também para ampliar nossa capacidade de compartilhar o que possuímos.

MEDITE NESSAS LETRAS E VOCALIZE: **SEAL**

SALMO: 94, vs. 18 – "Se eu dissesse meu pé está escorregando, Tua benevolência, Senhor, me suportaria."
AÇÃO: Ao se conectar com esse anjo, concentre-se em ações concretas de compartilhar. Tenha certeza de que não é por acaso que o dito "É dando que se recebe" se tornou tão popular.

46 – Anjo: ARIEL

CONEXÃO PARA: ELIMINAR A DÚVIDA

Regente do horário: 15h00 – 15h19
Regente do zodíaco: 15 a 19 graus de Escorpião
(08/11 a 12/11)

CARACTERÍSTICA: A pessoa nascida sob a influência do anjo Ariel é perceptiva, podendo ser até mesmo sarcástica e por isso inspira respeito. Faz parte de sua missão injetar certeza nos momentos mais difíceis para assim atingir grandes transformações. O aspecto contrário relaciona-se à paralisação e à língua feroz.

CONTATO COM O ANJO: A conexão com esse anjo é recomendada para eliminar a energia de dúvida, grande obstáculo no caminho do homem desperto. A dúvida possui íntima relação com o medo. Afinal, é muito comum sentirmos medo quando dominados pela dúvida. Da mesma forma que é comum sentirmos dúvida quando dominados pelo medo. Essa meditação ajuda a eliminar esse círculo vicioso e também traz revelações através dos sonhos.

MEDITE NESSAS LETRAS E VOCALIZE: **ARI**

SALMO: 145, vs. 9 – "O Senhor é bom para todos, e Suas misericórdias estão em todas as Suas criaturas."

AÇÃO: Repita a frase acima insistentemente no dia de conexão com esse anjo.

47 – Anjo: Asaliah

CONEXÃO PARA: **REVELAR TESOUROS OCULTOS**

Regente do horário: 15h20 – 15h39
Regente do zodíaco: 20 a 24 graus de Escorpião
(13/11 a 17/11)

CARACTERÍSTICA: A pessoa nascida sob a influência do anjo Asaliah possui grande *insight*, embora seja de natureza reservada. Faz parte de sua missão a luta contra a mentira e o desenvolvimento de relacionamentos intensos. O aspecto contrário relaciona-se ao rancor e à dificuldade de perdoar.

CONTATO COM O ANJO: Enquanto seus olhos ficam encobertos por cascas, você não consegue olhar profundamente nem para os objetos nem para as pessoas. Ofuscado pelo brilho da casca, você se mantém na periferia e não consegue penetrar no interior. A conexão com esse anjo ajuda a remover as cascas que o impedem de ver mais profundamente.

MEDITE NESSAS LETRAS E VOCALIZE: **ESHAL**

SALMO: 104, vs. 24 – "Quão abundantes são Tuas obras, Senhor; com sabedoria Tu as fizeste todas; a terra está cheia de Tuas posses."

AÇÃO: No dia de conexão com esse anjo, sempre que você tiver contato com alguém, respire profundamente e olhe a pessoa novamente. Então, se quiser, repita silenciosamente a frase acima.

48 – Anjo: MIHAEL

CONEXÃO: **HARMONIA PARA UM RELACIONAMENTO**

Regente do horário: 15h40 – 15h59
Regente do zodíaco: 25 a 29 graus de Escorpião
(18/11 a 22/11)

CARACTERÍSTICA: A pessoa nascida sob a influência do anjo Mihael possui forte energia física e emocional. Faz parte de sua missão desenvolver relacionamentos intensos, profundas vivências místicas ou sexuais, mas para isso precisa aprender a perdoar. No aspecto contrário, a pessoa procura colocar no outro a culpa por seus eventuais fracassos.

CONTATO COM O ANJO: Ao se aproximar mais verdadeiramente dos outros e, sobretudo, de sua própria essência, você fica muito menos vulnerável ao perecível. A conexão com esse anjo o ajudará a entrar em contato com uma nova qualidade de energia. Assim, em vez de perecer, seus relacionamentos tornam-se renovados e abençoados. Essa conexão fortalece também o relacionamento sexual.

MEDITE NESSAS LETRAS E VOCALIZE: **MIAH**

SALMO: 98, vs. 2 – "O Eterno fez com que todos os povos percebessem Seu poder salvador e Sua justiça."

AÇÃO: No dia de conexão com este anjo, sempre que você tiver contato com alguém, respire profundamente e olhe a pessoa novamente. Agora mais profundamente e com mais compaixão.

9º GRUPO – SAGITÁRIO

Sagitário fala da relação do homem com o tempo. É o signo da busca, seja ela de conhecimento, lugares ou pessoas. Uma qualidade de energia excelente para se cortar qualquer tipo de estagnação. Mas é preciso evitar uma dedicação excessiva ao futuro e com isso o esquecimento da vida no momento presente.

Os anjos deste grupo favorecem o entendimento dos ciclos do tempo em nossa vida e cortam a estagnação.

SQ	Anjo
49	Vehuel
50	Daniel
51	Hahasiah
52	Imamiah
53	Nanael
54	Nithael

49 – Anjo: VEHUEL

CONEXÃO: ELIMINAR O SOFRIMENTO PELA VISÃO

Regente do horário: 16h00 – 16h19
Regente do zodíaco: 0 a 4 graus de Sagitário (23/11 a 27/11)

CARACTERÍSTICA: A pessoa nascida sob a influência do anjo Vehuel tem a mente aberta e grande interesse em viagens (físicas e não-físicas). Faz parte de sua missão desenvolver sua grande religiosidade e levar seu otimismo ao mundo. O aspecto contrário relaciona-se à desconexão com o momento presente.

CONTATO COM O ANJO: É importante fazer contato com aquilo que nos entristece: chorar, sentir, porque por trás da tristeza encontra-se algo muito positivo. Com o sofrimento, no entanto, é diferente, pois ele funciona como uma espécie de apego à tristeza e acaba se tornando um modo de ser, criando uma sintonia muito negativa. A conexão com esse anjo evita que o sofrimento se instale em sua vida. Assim, aprendemos a aceitar a tristeza, mas sempre retornando à alegria.

MEDITE NESSAS LETRAS E VOCALIZE: **VERRÚ**

SALMO: 145, vs. 3 – "Grande é o Eterno e digno de todos os louvores, pois incomensurável é Sua grandeza."

AÇÃO: Pare por cinco minutos e identifique algum tema que o deixe triste. Seja o que for, mergulhe e sinta profundamente essa questão, mas então substitua sua tristeza por um novo estado de alegria: a alegria de ter a bênção da vida.

50 – Anjo: Daniel

CONEXÃO PARA: APROXIMAR-SE DA LUZ

Regente do horário: 16h20 – 16h39
Regente do zodíaco: 5 a 9 graus de Sagitário (28/11 a 02/12)
CARACTERÍSTICA: A pessoa nascida sob a influência do anjo Daniel é como um arqueiro, sempre em busca de seu alvo. Ela é filosófica e acredita em milagres. Faz parte de sua missão espalhar sua confiança entre as pessoas. O aspecto contrário relaciona-se à ortodoxia extremada ou mesmo ao fanatismo.
CONTATO COM O ANJO: A conexão com esse anjo aproxima da Luz do mundo infinito, deixando-o muito menos vulnerável ao perecível. Somente em contato com a verdadeira Luz que tudo alimenta, também chamada de Deus, é possível revelar o oculto por trás do aparente e perceber a verdadeira oportunidade que é a vida.

MEDITE NESSAS LETRAS E VOCALIZE: DÂNI

SALMO: 103, vs. 8 – "Misericordioso e compadecido é o Senhor, lento para a ira e abundantemente benevolente."
AÇÃO: No dia de conexão com esse anjo, procure, sempre que possível, levar um elogio, um presente, algo de positivo a cada pessoa que passar por seu caminho.

51 – Anjo: Hahasiah

CONEXÃO PARA: A AUTOCRÍTICA

Regente do horário: 16h40 – 16h59
Regente do zodíaco: 10 a 14 graus de Sagitário
(03/12 a 07/12)

CARACTERÍSTICA: A pessoa nascida sob a influência do anjo Hahasiah é dotada de grande talento crítico. Faz parte de sua missão levar seu talento ao mundo através do desenvolvimento de uma consciência elevada, que lhe permitirá enxergar com grande lucidez o sistema de causa e efeito ao qual estamos sujeitos. O aspecto contrário relaciona-se à fuga e à insistência em comparar-se com os outros.

CONTATO COM O ANJO: A conexão com esse anjo atrai maior consciência de arrependimento. Na Cabala esse conceito está diretamente ligado à ideia do retorno. Em algum momento precisamos fazer uma autocrítica, olhar para nossos erros para, somente então, começar novamente.

MEDITE NESSAS LETRAS E VOCALIZE: ARRÁSH

SALMO: 104, vs. 31 – "Que a glória do Senhor dure para sempre; que o Senhor rejubile com Suas obras."

AÇÃO: Reserve dez minutos para um momento de oração. Abra então seu coração e se permita arrepender-se de cada ação destrutiva que você tenha realizado em sua vida. Pode parecer estranho, mas se entregue a isso, aproveitando para se comprometer em tornar-se muito mais construtivo a partir de agora.

52 – Anjo: IMAMIAH

CONEXÃO PARA: AFASTAR O INIMIGO

Regente do horário: 17h00 – 17h19
Regente do zodíaco: 15 a 19 graus de Sagitário
(08/12 a 12/12)

CARACTERÍSTICA: A pessoa nascida sob a influência do anjo Imamiah é dotada de grande força espiritual. Faz parte de sua missão vencer suas próprias inclinações negativas e, com isso, trazer Luz a todos a sua volta. O aspecto contrário relaciona-se à culpa e às atividades ilícitas.

CONTATO COM O ANJO: Não há inimigo maior do que nossa própria inclinação negativa. A conexão com esse anjo ajuda na reflexão sobre nossos núcleos sombrios e a dizer "não" para tudo aquilo que é destrutivo.

MEDITE NESSAS LETRAS E VOCALIZE: **AMAM**

SALMO: 7, vs. 18 – "Eu agradecerei ao Senhor de acordo com Sua retidão e cantarei louvores ao nome do Senhor, Altíssimo."

AÇÃO: Você deve aproveitar o dia de conexão com esse anjo para afastar um vício de sua vida. Se for fumante, experimente passar o dia sem fumar um único cigarro. Se for um compulsivo por comida, passe o dia à base de alimentos muito leves. Você já fez esse exercício antes. Então aproveite para se aplicar ainda mais nele.

53 – Anjo: NANAEL

CONEXÃO PARA: A MEMÓRIA CRIATIVA

Regente do horário: 17h20 – 17h39
Regente do zodíaco: 20 a 24 graus de Sagitário
(13/12 a 17/12)

CARACTERÍSTICA: A pessoa nascida sob a influência do anjo Nanael, mesmo que faça a mesma coisa por toda a vida, precisa sempre estar se aprimorando. Faz parte de sua missão reinventar e sentir de forma diferente. O aspecto contrário relaciona-se ao ostracismo e à falta de interesse pelos assuntos alheios.

CONTATO COM O ANJO: A conexão com esse anjo é ótima para fortalecer a memória, principalmente a que se refere ao acervo de experiências úteis e luminosas de nossa vida. Estimula também a criatividade.

MEDITE NESSAS LETRAS E VOCALIZE: **NINÁ**

SALMO: 119, vs. 13 – "Meus lábios enumeram todas as leis que proclamaste."

AÇÃO: Concentre-se em ser mais criativo durante todo o dia de conexão com esse anjo. Existem muitas formas de fazer isso: nas relações afetivas, no trabalho. Que tal um programa noturno que você adora e não faz há algum tempo? Ou quem sabe começar a escrever algo?

54 – Anjo: Nithael

CONEXÃO PARA: **AFASTAR O ANJO DA MORTE**

Regente do horário: 17h40 – 17h59
Regente do zodíaco: 25 a 29 graus de Sagitário
(18/12 a 21/12)

CARACTERÍSTICA: A pessoa nascida sob a influência do anjo Nithael possui tremenda força interior, sendo destinada à vida longa. Faz parte de sua missão socorrer todos que lutam contra as mais diversas falências materiais e afetivas. O aspecto contrário relaciona-se ao uso dessa força para fins particulares e para tramas políticas.

CONTATO COM O ANJO: A conexão com esse anjo afasta o anjo da morte, responsável não apenas pela morte física, mas, também, por todos os pequenos movimentos de falência de nossa vida.

MEDITE NESSAS LETRAS E VOCALIZE: **NIÁT**

SALMO: 103, vs. 19 – "Nos céus estabeleceu Seu trono o Eterno, e Seu reino tudo alcança."

AÇÃO: No dia de conexão com esse anjo, concentre-se em evitar qualquer tipo de negatividade. A melhor maneira de se fazer isso é pela eliminação de pensamentos e palavras negativas. Para isso é fundamental que você escolha criteriosamente sua companhia, o canal de televisão que assiste, o programa de rádio que ouve etc.

10º GRUPO – CAPRICÓRNIO

O signo de Capricórnio é associado ao trabalho e à realização profissional, ou seja, à necessidade de se produzir algo para a sociedade. Por ser regido pelo planeta Saturno, os movimentos dos capricornianos costumam ser firmes, mas não muito rápidos. Na Cabala, esse signo é associado ao sentido da visão. Um sentido de grande poder, com grande capacidade de abrir nossa consciência, mas, por outro lado, é também pelo olhar que se ativa a cobiça.

Os anjos deste grupo reforçam nossa capacidade de realização.

SQ	ANJO
55	Mebahiah
56	Poiel
57	Nemamiah
58	Ieialel
59	Harael
60	Mitzrael

55 – ANJO: MEBAHIAH

CONEXÃO PARA: O PROPÓSITO FÉRTIL

Regente do horário: 18h00 – 18h19
Regente do zodíaco: 0 a 4 graus de Capricórnio
(22/12 a 26/12)

CARACTERÍSTICA: A pessoa nascida sob a influência do anjo Mebahiah é disciplinada e persistente em seus objetivos. Faz parte de sua missão trabalhar muito para ajudar no desenvolvimento da sociedade. O aspecto contrário relaciona-se à ambição material e apego excessivos.

CONTATO COM O ANJO: A conexão com o anjo Mebahiah ajuda a criar ou fortalecer um propósito construtivo para sua vida, baseado no desejo de compartilhar. Por isso esse nome é utilizado também para questões ligadas à fertilidade. Medite alguns minutos nesse nome, refletindo sobre a qualidade de seus pensamentos e posteriormente esvaziando sua mente.

MEDITE NESSAS LETRAS E VOCALIZE: MABÁ

SALMO: 102, vs. 13 – "Mas Tu, ó Eterno, para sempre estarás perante nós entronizado, e por todas as gerações não deixará Teu nome de ser lembrado."

AÇÃO: Durante todo o dia de conexão com esse anjo, a cada trinta minutos, se possível, repita a frase: "Percebo que tenho uma missão.".

56 – Anjo: POIEL

CONEXÃO PARA: ELIMINAR A IDOLATRIA

Regente do horário: 18h20 – 18h39
Regente do zodíaco: 5 a 9 graus de Capricórnio
(27/12 a 31/12)

CARACTERÍSTICA: A pessoa nascida sob a influência do anjo Poiel sabe onde quer chegar e, quando aplicada, terá uma vida farta materialmente. Faz parte de sua missão combater a idolatria e lembrar às pessoas o quanto o apego à matéria é também um culto ao perecível. O aspecto contrário relaciona-se ao consumismo exacerbado e ao sentimento de inveja.

CONTATO COM O ANJO: A verdadeira idolatria não se refere à adoração de estátuas, mas principalmente ao apego ao dinheiro, joias, bens materiais, fama e posição social, que desde os tempos remotos são o foco e a razão de viver de muitos de nós. A conexão com esse anjo ajuda a perceber com clareza tudo aquilo que nos tira do caminho espiritual. Assim podemos nos preparar para abandonar o que não serve mais.

MEDITE NESSAS LETRAS E VOCALIZE: **PEVÍ**

SALMO: 145, vs. 14 – "O Eterno suporta todos os caídos e endireita os curvados."

AÇÃO: Experimente doar algo seu que você considere importante ou valioso. Com isso você experimentará a libertação que vem com o desapego.

57 – Anjo: Nemamiah

CONEXÃO PARA: A PURIFICAÇÃO

Regente do horário: 18h40 – 18h59
Regente do zodíaco: 10 a 14 graus de Capricórnio
(01/01 a 05/01)

CARACTERÍSTICA: A pessoa nascida sob a influência do anjo Nemamiah costuma ser frágil quando criança e forte na vida adulta. Faz parte de sua missão uma intensa realização profissional, através de um trabalho útil e voltado para o social. O aspecto contrário relaciona-se à arrogância e ao orgulho desmedidos.

CONTATO COM O ANJO: A purificação se inicia com sincera autocrítica daquilo que lhe sobra e que pode ser descartado: pensamentos negativos, excesso de vaidade, relacionamentos destrutivos etc. Conecte-se a esse anjo, através da meditação e vocalização de suas letras, para que você possa iniciar seu processo de purificação.

MEDITE NESSAS LETRAS E VOCALIZE: **NÊMIM**

SALMO: 115, vs. 11 – "Os que temem o Eterno. Confiem no Eterno. Ele é sua ajuda e seu escudo!"

AÇÃO: Durante todo o dia de conexão com esse anjo procure purificar-se, concentrando-se em tudo que entra e sai de sua boca.

58 – Anjo: IEIALEL

CONEXÃO PARA: REMOVER AS CASCAS DA VISÃO

Regente do horário: 19h00 – 19h19
Regente do zodíaco: 15 a 19 graus de Capricórnio
(06/01 a 10/01)

CARACTERÍSTICA: A pessoa nascida sob a influência do anjo Ieialel seguirá sempre por caminhos luminosos. Ela será confrontada por inúmeros desafios, que colocarão suas convicções em xeque. Mas isso só acontece para ratificar sua missão, de levar confiança ao mundo. O aspecto contrário relaciona-se ao pessimismo e dúvida extremada.

CONTATO COM O ANJO: Ao conectar-se com esse anjo, você perceberá que mais importante do que a escolha de um caminho é o aprofundamento no caminho escolhido. É através dessa permanência que você conseguirá remover as cascas do aparente.

MEDITE NESSAS LETRAS E VOCALIZE: **IEIAL**

SALMO: 6, vs. 4 – "Abalada está minha alma; e Tu, Eterno, até quando me deixarás abandonado?"

AÇÃO: No dia de conexão com esse anjo, mesmo que você não tenha vontade, faça um intenso ritual de meditação e oração.

59 – Anjo: Harael

CONEXÃO: **RECONECTAR COM A FONTE DE LUZ**

Regente do horário: 19h20 – 19h39
Regente do zodíaco: 20 a 24 graus de Capricórnio
(11/01 a 15/01)

CARACTERÍSTICA: A pessoa nascida sob a influência do anjo Harael precisa desenvolver a paciência, porque tem uma missão grandiosa, de âmbito profissional e também filantrópico, mas que só se realiza com o passar do tempo. O aspecto contrário relaciona-se à impaciência e à raiva.

CONTATO COM O ANJO: Durante o exílio, Moisés viveu numa cidade vizinha, onde teve uma forte revelação. Em um diálogo repleto de elementos mágicos, ele é eleito para libertar seu povo da escravidão: "E disse Moisés ao Eterno: 'Quem sou eu, que irei ao faraó e tirarei os filhos de Israel do Egito?' E o Eterno disse: 'Porque eu estarei contigo'." (Êxodo 03:11-12) A conexão com esse anjo ajuda na lembrança de que Aquele que nos criou está sempre conosco.

MEDITE NESSAS LETRAS E VOCALIZE: **RRARÁH**

SALMO: 113, vs. 3 "Do nascimento do sol a seu ocaso, seja o Nome do Eterno louvado."

AÇÃO: No dia de conexão com esse anjo, procure repetir, se possível a cada hora, a frase: "Sei de onde vem minha força."

60 – Anjo: Mitzrael

CONEXÃO: A FORÇA PARA ATRAVESSAR O DESERTO

Regente do horário: 19h40 – 19h59
Regente do zodíaco: 25 a 29 graus de Capricórnio
(16/01 a 20/01)

CARACTERÍSTICA: A pessoa nascida sob a influência do anjo Mitzrael possui imensa energia vital e por isso exerce notável poder de atração sobre todos a sua volta. Faz parte de sua missão levar cura física e mental ao mundo. O aspecto contrário relaciona-se à estagnação e à preguiça.

CONTATO COM O ANJO: Muito mais do que poder físico ou financeiro, o verdadeiro forte é aquele que consegue vencer suas próprias inclinações negativas. A conexão com esse anjo ajuda a criar essa força interna, que lhe permite superar os mais difíceis obstáculos e seguir em frente.

MEDITE NESSAS LETRAS E VOCALIZE: **METSÁR**

SALMO: 145, vs. 17 – "O Eterno é justo em todos os Seus caminhos e magnânimo em todos os Seus atos."

AÇÃO: Leve sua poderosa energia de vitalidade e cura para pessoas que precisem. Pode ser através de palavras ou mesmo uma ajuda concreta.

11º Grupo – Aquário

O signo de Aquário fala da necessidade do homem de definir conceitos que estabeleçam a verdade para sua existência. Por isso é tão perigosa uma vida em isolamento, porque precisamos viver em grupo, para estabelecer uma verdade mais coletiva e menos individual. O signo potencializa ainda a percepção da justiça em tudo o que acontece a nossa volta.

Fazemos conexão com os anjos deste grupo para desenvolver uma nova forma de pensar.

SQ	Anjo
61	Umabel
62	Iah-hel
63	Anauel
64	Mehiel
65	Damabiah
66	Manakel

61 – Anjo: UMABEL

CONEXÃO PARA: FORTALECER AMIZADES

Regente do horário: 20h00 – 20h19
Regente do zodíaco: 0 a 4 graus de Aquário (21/01 a 25/01)

CARACTERÍSTICA: A pessoa nascida sob a influência do anjo Umabel jamais pode viver só. Ela precisa do contato com o grupo e faz parte de sua missão o desenvolvimento de excelentes relacionamentos e projetos coletivos. O aspecto contrário relaciona-se ao total isolamento do mundo e às ideias fixas.

CONTATO COM O ANJO: Você lembra o quanto alguns encontros foram determinantes em sua trajetória de vida? A conexão com esse anjo ajuda na aproximação de pessoas construtivas.

MEDITE NESSAS LETRAS E VOCALIZE: VAMAV

SALMO: 113, vs. 2 – "Seja bendito Seu Nome, desde agora e para todo o sempre."

AÇÃO: Procure, no dia de conexão com esse anjo, ficar mais próximo de pessoas que lhe fazem bem.

62 – Anjo: IAH-HEL

CONEXÃO PARA: A GRATIDÃO

Regente do horário: 20h20 – 20h39
Regente do zodíaco: 5 a 9 graus de Aquário (26/01 a 30/01)

CARACTERÍSTICA: A pessoa nascida sob a influência do anjo Iah-hel, embora muito virtuosa, se distinguirá por sua postura humilde diante da vida. Faz parte de sua missão levar paz e serenidade às pessoas a sua volta. O aspecto contrário relaciona-se à constante aflição da alma e ao desequilíbrio emocional.

CONTATO COM O ANJO: A conexão com esse anjo, através da contemplação e vocalização destas letras, remove as cortinas do mundo puramente aparente e cria uma consciência de agradecimento. Lembre que o sentimento de gratidão é um combustível essencial para quem procura sentir a plenitude da existência.

MEDITE NESSAS LETRAS E VOCALIZE: **IEHÁ**

SALMO: 119, vs. 159 – "Vê como amo Teus preceitos, ó Eterno, e mantém minha vida conforme Tua misericórdia."

AÇÃO: Ao se conectar com esse anjo procure expressar seu agradecimento a cada pessoa que o ajudou a estar aqui agora. Podem ser parentes, amigos, mesmo ilusórios oponentes. Não se esqueça de reservar alguns minutos para uma oração ao Criador, Aquele que tudo criou e que lhe permite a bênção da vida.

63 – Anjo: ANAUEL

CONEXÃO PARA: A HUMILDADE

Regente do horário: 20h40 – 20h59
Regente do zodíaco: 10 a 14 graus de Aquário
(31/01 a 04/02)

CARACTERÍSTICA: A pessoa nascida sob a influência do anjo Anauel pode parecer muito individualista, mas em sua essência é amável e companheira. Faz parte de sua missão desenvolver projetos humanitários, utilizando para isso sua visão progressista. O aspecto contrário relaciona-se ao orgulho e ao acúmulo de mágoas.

CONTATO COM O ANJO: A conexão com esse anjo ajuda a nos tirar da superfície e nos aproxima de uma grande virtude do caminho espiritual: a humildade. Os antigos mestres cabalistas diziam que não devemos jamais dar importância demasiada a nós mesmos e que precisamos aprender a suportar a maledicência alheia, até mesmo o insulto, e escapar, sempre que possível, dos elogios.

MEDITE NESSAS LETRAS E VOCALIZE: ANU

SALMO: 2, vs. 11 – "Servi ao Eterno com reverência e regozijai-vos com temor e respeito."

AÇÃO: No dia de conexão com esse anjo procure uma postura de total humildade. Para cada pessoa que você olhar nesse dia, seja ela um mendigo ou um rei, repita a frase: "Todo ser tem direito a sua porção de Luz."

64 – ANJO: MEHIEL

CONEXÃO PARA: ENXERGAR O MAIS POSITIVO

Regente do horário: 21h00 – 21h19
Regente do zodíaco: 15 a 19 graus de Aquário
(05/02 a 09/02)

CARACTERÍSTICA: A pessoa nascida sob a influência do anjo Mehiel é essencialmente otimista e, por isso, jamais se deixa vencer. Faz parte de sua missão mostrar ao mundo uma nova e revolucionária forma de se enxergar a realidade. O aspecto contrário relaciona-se ao acúmulo de mágoa e tristeza.

CONTATO COM O ANJO: A conexão com esse anjo ajuda a criar uma nova visão, quando abandonamos as mágoas e penetramos na dimensão do perdão. Assim, aprendemos a enxergar de outra forma.

MEDITE NESSAS LETRAS E VOCALIZE: MERRÍ

SALMO: 33, vs. 18 – "Os olhos do Eterno fitam os que O temem e dão atenção aos que esperam por Sua benevolência."

AÇÃO: Ao se conectar com esse anjo concentre-se em eliminar todas as mágoas que você acumulou durante a sua vida. Para isso basta mudar o ponto de vista e enxergar o que há de mais belo em si e nos outros.

65 – ANJO: DAMABIAH

CONEXÃO PARA: DIMINUIR A CONFUSÃO MENTAL

Regente do horário: 21h20 – 21h39
Regente do zodíaco: 20 a 24 graus de Aquário
(10/02 a 14/02)

CARACTERÍSTICA: A pessoa nascida sob a influência do anjo Damabiah é inovadora e por isso procura transformar sua vida em um exercício de eterna transformação. Faz parte de sua missão criar novos projetos e organizar grupos. O aspecto contrário relaciona-se à rigidez excessiva e ao desânimo.

CONTATO COM O ANJO: A mente comum é dominada por pensamentos que não cessam nunca. Ideias pouco construtivas, desconexas umas das outras e que não levam a lugar algum. A conexão com esse anjo fortalece em muito a criação de uma mente meditativa, quando é possível cessar o barulho, para então conhecer a paz e o silêncio.

MEDITE NESSAS LETRAS E VOCALIZE: **DEMÁV**

SALMO: 90, vs. 13 – "Volta-Te para nós, ó Eterno! Até quando teremos de esperar? Volta-Te para Teus servos!"

AÇÃO: No dia de conexão com esse anjo, sempre que se sentir dominado por pensamentos desconexos, experimente repetir a frase: "Este pensamento é apenas uma ilusão."

66 – Anjo: MANAKEL

CONEXÃO PARA: A BÊNÇÃO DA CURA

Regente do horário: 21h40 – 21h59
Regente do zodíaco: 25 a 29 graus de Aquário (15/02 a 19/02)

CARACTERÍSTICA: A pessoa nascida sob a influência do anjo Manakel é dotada de poder visionário e, por isso, enxerga as mudanças muito antes de elas acontecerem. Faz parte de sua missão encontrar soluções para os problemas aparentemente mais complicados. O aspecto contrário relaciona-se ao isolamento e à teimosia.

CONTATO COM O ANJO: A conexão com esse anjo atrai forte energia de cura. Para isto precisamos remover as cortinas que separam o plano físico dos demais planos formadores da realidade. Quando isso acontece, as limitações da matéria começam a ser removidas.

MEDITE NESSAS LETRAS E VOCALIZE: **MENÁK**

SALMO: 38, vs. 22 – "Não me abandones, ó Eterno, meu Deus! Não Te afastes de mim."

AÇÃO: Experimente ajudar na cura de uma pessoa enferma. Faça isso contemplando primeiro essa sequência de letras, e depois as letras da sequência 05 (Saúde). Durante esses minutos de meditação projete toda a energia de cura para um copo de água mineral que deve ser segurado com a mão direita. Depois deve ser bebido pelo enfermo, de uma só vez.

12º GRUPO – PEIXES

É preciso lembrar-se do que realmente fica na vida. Nossas virtudes de caráter, os vínculos de amizade, cada momento de amor, esses não perecem com o tempo. Ao contrário, como um bom vinho, se tornam mais saborosos com a idade.

Peixes é o último dos signos e também o que possui maior capacidade de transcendência. Relacionado à capacidade de alegrar as pessoas, mas, entretanto, se não colocada em prática, pode transformar-se em energia inversa.

Fazemos conexão com os anjos deste grupo para despertar a transcendência através da libertação dos limites do ego.

SQ	Anjo
67	Eiael
68	Habuhiah
69	Realiah
70	Iabamaih
71	Haiaiel
72	Mumiah

67 – Anjo: EIAEL

CONEXÃO PARA: O MOMENTO PRESENTE

Regente do horário: 22h00 – 22h19
Regente do zodíaco: 0 a 4 graus de Peixes (20/02 a 23/02)
CARACTERÍSTICA: A pessoa nascida sob a influência do anjo Eiael é dotada de grande sensibilidade e talento artístico. Faz parte de sua missão expressar sua criatividade para o mundo. O aspecto contrário relaciona-se a grandes oscilações de humor e à falta de contato mais intenso com a realidade.
CONTATO COM O ANJO: Poucos são os homens que celebram a vida. A maioria deles, preocupada com pensamentos do passado ou do futuro, acaba perdendo a oportunidade de conhecer mais sobre os mistérios da existência e usufruir plenamente do presente que é viver. A conexão com esse anjo ajuda a criar a consciência da grande benção que é estar vivo aqui e agora. Esse agora que não por acaso se chama presente.

MEDITE NESSAS LETRAS E VOCALIZE: **AIÁ**

SALMO: 37, vs. 4 – "Tem prazer no Eterno, para que Ele possa te conceder os desejos de teu coração."
AÇÃO: No dia de conexão com esse anjo, procure repetir, a cada hora, a frase: "Escolho viver intensamente, agora."

68 – Anjo: Habuhiah

CONEXÃO PARA: **PENSAMENTO E AÇÃO COERENTES**

Regente do horário: 22h20 – 22h39
Regente do zodíaco: 5 a 9 graus de Peixes (24/02 a 28/02)
CARACTERÍSTICA: A pessoa nascida sob a influência do anjo Habuhiah não veio ao mundo para descansar. Os conflitos fazem parte de sua vida, porque é através deles que ela realizará, mediante seu próprio exemplo, sua missão no mundo: ensinar sobre coerência entre pensar e agir. O aspecto contrário relaciona-se ao distanciamento entre crença e realidade.

CONTATO COM O ANJO: Grandes mestres passaram por nosso mundo e foram importantes exemplos de coerência entre pensamento, palavra e ação. A conexão com esse anjo traz a bênção espiritual desses mestres, que aprenderam a remover seus conflitos interiores.

MEDITE NESSAS LETRAS E VOCALIZE: **RRAVÚ**

SALMO: 106, vs. 1 – "Louvado seja o Eterno! Louvai porque imensa é Sua bondade e eterna Sua misericórdia."

AÇÃO: Escolha um grande mestre pelo qual você tenha admiração e afinidade e faça um ritual de oração e meditação dedicado a ele. Dessa forma você se estará permitindo receber uma grande bênção espiritual.

69 – Anjo: Realiah

CONEXÃO PARA: A VISÃO CONSCIENTE

Regente do horário: 22h40 – 22h59
Regente do zodíaco: 10 a 14 graus de Peixes
(29/02 a 04/03)

CARACTERÍSTICA: A pessoa nascida sob a influência do anjo Realiah atua como ótima conselheira, embora às vezes não seja tão eficiente para si mesma. Faz parte de sua missão ajudar cada ser humano a despertar para a real dimensão de uma vida significativa. O aspecto contrário relaciona-se ao acúmulo de dívidas e à alienação.

CONTATO COM O ANJO: A conexão com esse anjo o ajudará a perceber que você não está só e que existe uma forte energia de proteção a sua volta. Abra seus canais, e ela naturalmente se instalará. Esse anjo também auxilia na procura de objetos perdidos.

MEDITE NESSAS LETRAS E VOCALIZE: **RÊÊ**

SALMO: 16, vs. 5 – "O Eterno é a porção da minha herança e do meu cálice. É, de minha sorte, o sustentáculo."

AÇÃO: Independente de você ter uma religião ou não, faça um pequeno ritual de oração. Mais importante do que a forma é a concentração e emoção ao fazê-lo. Isso o ajudará a perceber que há grande proteção a sua volta.

70 – Anjo: IABAMIAH

CONEXÃO PARA: A RENOVAÇÃO

Regente do horário: 23h00 – 23h19
Regente do zodíaco: 15 a 19 graus de Peixes (05/03 a 09/03)
CARACTERÍSTICA: A pessoa nascida sob a influência do anjo Iabamiah é de natureza independente, intuitiva e por isso não segue o pensamento comum. Faz parte de sua missão lutar contra a estagnação e o materialismo. O aspecto contrário relaciona-se à rebeldia e frieza.
CONTATO COM O ANJO: Logo no começo da Torá está escrito: "E disse Deus: Seja Luz! E Foi Luz". Assim é descrito um misterioso momento da criação, a partir do qual passamos a fazer parte dessa história. A conexão com esse anjo atrai a energia inicial da Torá, ajudando-nos a criar uma imensa renovação em nossa alma.

MEDITE NESSAS LETRAS E VOCALIZE: IEVÁM

SALMO: Não há salmo para esse anjo e sim a primeira frase da Torá: "E disse Deus: Seja Luz! E Foi Luz."
AÇÃO: No dia de conexão com esse anjo você se enche de confiança. Se tem algum problema material ou de saúde, prepare-se para abandoná-lo. Você sabia que existe um plano de grande felicidade para você?

71 – Anjo: HAIAIEL

CONEXÃO PARA: A VISÃO DO INVISÍVEL

Regente do horário: 23h20 – 23h39
Regente do zodíaco: 20 a 24 graus de Peixes (10/03 a 14/03)
CARACTERÍSTICA: A pessoa nascida sob a influência do anjo Haiaiel é muito sensível e intuitiva. Faz parte de sua missão aprender a enxergar além do aparente e então desenvolver sua mediunidade para ajudar a libertar as pessoas de uma visão aprisionada. O aspecto contrário relaciona-se à saúde instável e à depressão.
CONTATO COM O ANJO: A conexão com esse anjo ajuda a recuperar um estado de unidade, em que não existe qualquer medo ou dúvida. É nesse lugar que se abrem as portas para a visão do mundo invisível em que residem os anjos.

MEDITE NESSAS LETRAS E VOCALIZE: **RRAIAI**

SALMO: 109, vs. 30 – "Meus lábios agradecerão imensamente ao Eterno, e minha boca Lhe erguerá louvores entre as multidões."
AÇÃO: Sempre que possível, pare, respire profundamente 10 vezes e se permita olhar de uma nova e inédita forma a realidade a sua volta.

72 – Anjo: MUMIAH

CONEXÃO PARA: A FORÇA DA VIDA

Regente do horário: 23h40 – 23h59
Regente do zodíaco: 25 a 29 graus de Peixes (15/03 a 20/03)
CARACTERÍSTICA: A pessoa nascida sob a influência do anjo Mumiah possui talento nato para a cura. Pode destacar-se não só na área médica, mas também em tudo que favorece o bem-estar e a cura do homem. Faz parte de sua missão levar a cura, em suas mais diversas formas, ao mundo. O aspecto contrário relaciona-se ao apego excessivo ao mundo material e propensão ao desespero.
CONTATO COM O ANJO: A conexão com esse anjo ajuda a eliminar todos os movimentos de falência, trazendo sucesso aos mais diversos empreendimentos. Através de sua invocação é possível afastar as energias de morte de sua vida.

MEDITE NESSAS LETRAS E VOCALIZE: MÔÔM

SALMO: 116, vs. 7 – "Volta a ter sossego, alma minha, pois o Eterno para contigo foi bondoso."
AÇÃO: Experimente vocalizar, de acordo com a sequência apresentada, todos os 72 nomes de Deus.

APÊNDICE
POR QUE 72 NOMES DE DEUS?

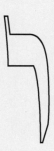

O anexo a seguir apresenta interessantes informações sobre os 72 Nomes de Deus, como é conhecida a tabela que encapsula todos os anjos da Cabala.

A MEDITAÇÃO DOS 72 NOMES DE DEUS

והו	יל׳	סיט	עלם	מהש	ללה	אכא	כהת
הזי	אלד	לאו	ההע	יזל	מבה	הרי	הקם
לאו	כל׳	לוו	פהל	נלך	ייי	מלה	וזהו
נתה	האא	ירת	שאה	ריי	אום	לכב	ושר
יוזו	להוז	כוק	מנד	אני	וזעם	רהע	ייז
ההה	מיכ	וול׳	ילה	סאל	ערי	עשל	מיה
והו	דני	הוזש	עמם	גנא	נית	מבה	פוי
נמם	ייל	הרוז	מצר	ומב	יהה	ענו	מוזי
דמב	מנק	איע	וזבו	ראה	יבמ	הי׳	מום

No decorrer de nosso livro você aprendeu sobre a energia de cada um dos 72 anjos cabalísticos e como essa energia pode ser utilizada para injetar Luz em temas específicos de sua vida. No entanto, há ainda uma forma, muito especial, de diariamente, invocarmos a energia de todos os anjos. Isso é feito pela meditação na tabela dos 72 Nomes de Deus.

Para praticar a meditação dos 72 Nomes de Deus você precisará usar um quadro como esse, repleto de letras sagradas. São letras utilizadas para propósitos exclusivamente de meditação.

Não se trata de letras hebraicas comuns. Por isso, esteja certo de que você não precisa saber uma única palavra de hebraico para que essa meditação tenha efeito. Mesmo porque essas 72 sequências de letras não formam palavras. A Cabala nos ensina que nossa alma reconhece a forma dessas letras.

Cada anjo está relacionado à forma de suas letras e a sua posição na tabela, que marca sua dimensão no mundo espiritual. Isso explica a diferença entre alguns anjos, que são representados pelas mesmas letras hebraicas (mesma forma), mas que, por estarem em diferentes posições na tabela, estão relacionados a diferentes missões espirituais. Exemplo: והו, והו, que aparece na 1ª e na 49ª posições.

COMEÇANDO A MEDITAR:

Para praticar essa meditação, sente-se primeiro em uma posição confortável, em um ambiente o mais silencioso possível. A escolha de um momento adequado é o começo da sintonia com seu receptor.

A meditação consiste em visualizar as letras da tabela, da direita para a esquerda. Ao encerrar uma linha passe para a linha de baixo. Para cada uma das 72 sequências faça uma respiração completa (inspiração e expiração). Serão ao todo 72 profundas respirações.

A contemplação dos 72 nomes da tabela ajuda a criar um receptor muito mais construtivo para nossa vida, produzindo conexão geral com todos os 72 anjos e purificação dos canais intermediários entre nosso mundo físico e a fonte de Luz, que chamamos de Deus.

Medite alguns minutos sobre elas, refletindo sobre a qualidade de seus pensamentos e posteriormente esvaziando sua mente. Se preferir, pode imaginar uma pequena vassourinha, levando para fora cada pensamento que vier a sua mente. Durante esse tempo mantenha um padrão de respiração profunda.

Essa meditação possibilita a conexão geral com todos os 72 anjos cabalísticos, trazendo equilíbrio e força aos diversos aspectos de nosso receptor. Sua prática não demanda nenhuma crença, uma vez que ela trabalha aspectos nossos que vão muito além da mente racional.

POR QUE 72 NOMES DE DEUS?

O importante é que, ao experimentar essa prática diária, você estará injetando Luz em todos os aspectos de seu receptor. Além disso, é também uma forma de você se comprometer diariamente em um processo de meditação simples, que não consome muito tempo e reduz significativamente a ansiedade.

Por Que 72 Nomes de Deus?

Muitos são os códigos envolvendo a mística do 72. Já citamos alguns no decorrer deste livro, como os três marcantes versículos bíblicos, cada um com 72 letras. Mas existe ainda outro código, relevante, que apareceu muito antes do episódio da abertura do mar. Foi o que marcou a semente de toda a jornada bíblica.

Voltemos então um pouco na história, até o momento em que Moisés havia saído do Egito e ido para o exílio, ameaçado pelo faraó. Foi quando ele recebeu sua primeira grande revelação de Deus.

Era manhã, e Moisés caminhava em silêncio, quando se deparou com uma sarça, um tipo de planta comum naquela região, mas aquela pegava fogo e jamais se consumia. Foi assim que ele viu, pela primeira vez, a face do Criador; nesse momento surge na Torá a figura do tetragrama, o nome impronunciável de Deus.

יְהֹוָה

Os antigos cabalistas ensinam que esse santo nome contém todos os mistérios da sabedoria humana. A começar pelo fato de que cada uma das letras do tetragrama representa um dos quatro planos que formam a realidade. São eles: emanação, criação, formação e ação.

Ao enxergar além do aparente, Moisés descobriu algo simples, mas que a maioria de nós sempre esquece: que tudo de que precisamos para ser felizes já nos foi dado, embora nem sempre tenha sido, por nós, recebido.

A Cabala explica que tudo que possa nos trazer alegria já foi emanado. E isso vale também para nossos maiores sofrimentos. A grande questão é que, de acordo com nossa participação, algumas coisas se tornarão reais e outras não.

Como acontece, por exemplo, com o artista para o qual grande parte da felicidade se encontre no desenvolvimento de obras criativas. Toda a inspiração de que ele necessita já foi emanada. Mas é necessário que ele se conecte para receber a inspiração, criar a semente, dar-lhe forma e então colher seus resultados, no plano da ação.

Isso explica a grande transformação pela qual passou o mestre bíblico, uma vez que, a partir daquele momento, ele começou a enxergar os quatro planos e assim conseguiu remover a espessa casca que impede a maioria dos homens de atingir uma visão mais profunda.

O tetragrama é um nome profundamente místico e com diversos significados subjetivos. Chama atenção o fato de que na língua hebraica as letras também representam números, como acontece com os algarismos romanos. São estes os valores das letras do tetragrama:

$$\text{ה} = 5. \quad \text{ו} = 6. \quad \text{ה} = 5. \quad \text{י} = 10.$$

Assim, nesse momento, o Eterno revela a Moisés os quatro momentos em que nossa realidade é construída.

Em um primeiro instante havia apenas o plano da emanação e, portanto, apenas a primeira letra do tetragrama. Ela possui o valor de 10. י

Então surge o plano da criação, e com ele uma nova letra é adicionada, criando um novo nome de valor igual a 15. יה

Em um terceiro momento da existência surge o plano da formação, e com ele uma terceira letra é adicionada, criando o nome de valor igual a 21. יהו

Finalmente o processo da criação se completa com o aparecimento do plano da ação, o mundo físico, e o nome divino então se completa, formando o tetragrama, com valor igual a 26. יהוה

י=10	(Mundo da emanação)
יה=15	(Mundo da criação)
יהו=21	(Mundo da formação)
יהוה=26	(Mundo da ação)
72	

Se somamos cada uma dessas etapas obtemos o valor 72, número que aparece em cada uma das três frases que descrevem a abertura do mar. O tetragrama teria sido revelado também a Jacob em seu sonho iniciático, quando ele viu anjos que subiam e desciam por uma escada que chegava a um lugar denominado "porta do céu". E o número de degraus dessa escada também era 72.

O fato é que o número 72 carrega uma energia mágica, poderosa e que, se utilizada plenamente, nos pode revelar a real profundidade da palavra VIDA.

Este livro foi composto na tipografia
Adobe Garamond, em corpo 12,5/17, e impresso em
papel off-white no Sistema Digital Instant Duplex
da Divisão Gráfica da Distribuidora Record.